JN135688

教室の子どもを笑顔にする教師の知恵袋

Q&A 現場の先生がほんとうに困っていることはここにある！

筑波大学附属小学校
田中博史

文溪堂

田中博史の
Q&A book

現場の先生方の質問に
ズバリ答える本をつくります。
算数授業づくりのこと、
学級経営のこと、
素朴な疑問、お悩み相談、
なんでも結構です。
あなたがQをつくってみませんか？

そんな投げかけをしたら…

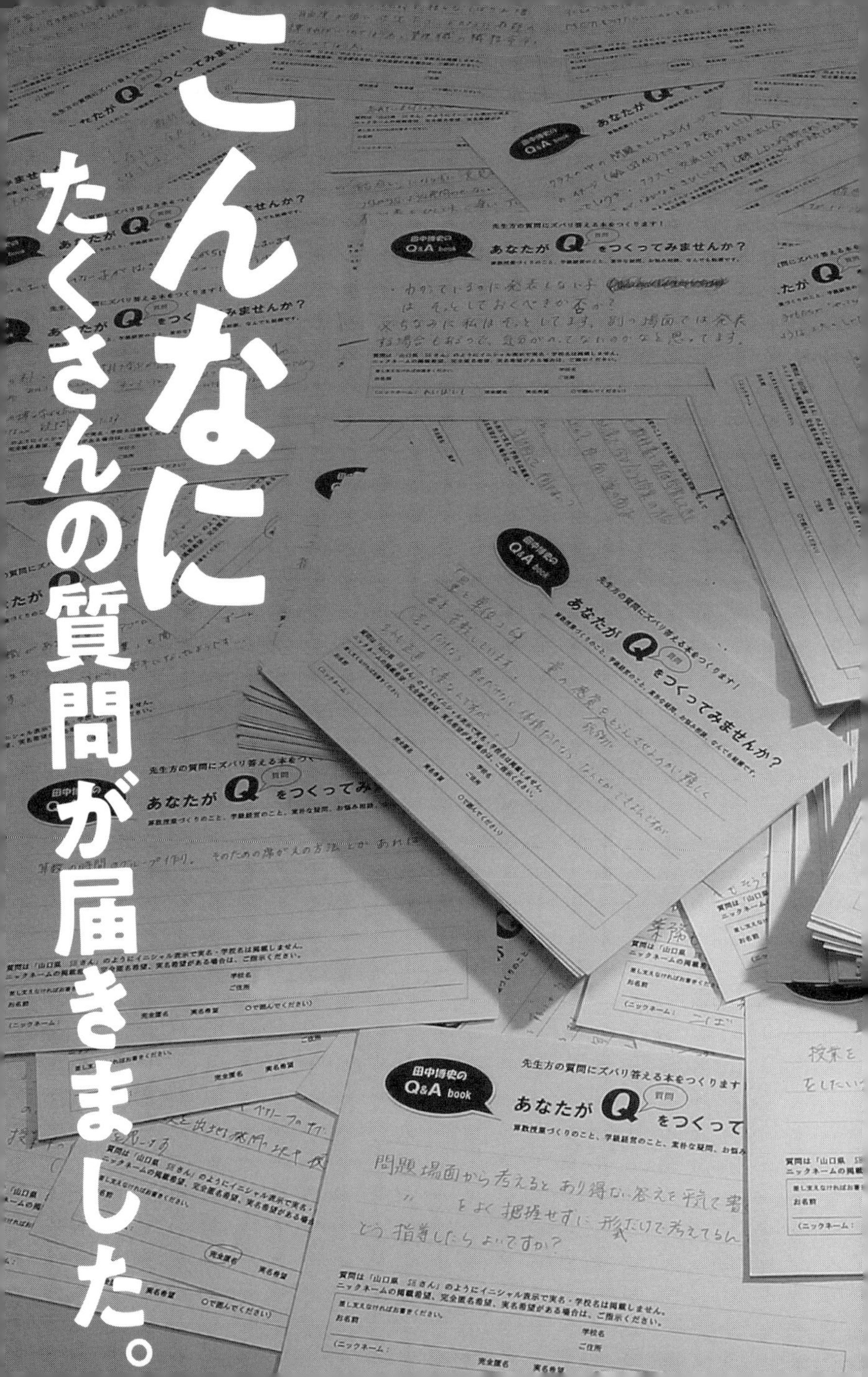
こんなに
たくさんの質問が届きました。
田中博史の
Q&A book
先生方の質問にズバリ答える本をつくります！
あなたが Q 質問 をつくってみませんか？

ほかにも全国各地での講演会や、近年、私が行っている
少人数の算数授業づくり&学級づくりの若手向け相談サークル
「授業人五人会」から生まれた

「今更ですが、こんなこと
ホントに聞いてもいいですか?」

という質問に

田中博史が お答えします!

もくじ

教室の子どもを笑顔にする教師の知恵袋
現場の先生がほんとうに困っていることはここにある！
田中先生！　今更ですが、こんなことホントに聞いてもいいですか？

日々の授業に悩んでいます！

算数の授業で困っています！

自己採点のこと、ちゃんと知りたい！

（本書に掲載した写真は、本文の内容と関係ありません）

こんなこと

Part 1

日々の授業に悩んでいます！

Q1 私がいちばん悩んでいるのは子どもたちの「差」です。

A1 差があるからこそできる教育があります。

全国を回っていて、先生方からいちばん質問を受けるのは、個人差の問題です。学習指導要領のキーワードの話よりも、教室の中の子ども一人ひとりの差に悩んでいる先生方がとても多いのです。

どうしても教室の中に差が生まれてしまうから、日本の先生たちは能力別に分けてなんとか対応しています。

ところが能力別に分けても、またその中で差がつくんですね。

たとえば、受験を考えてみてください。

受験であれだけ分けているにもかかわらず、それぞれの学校の中でまた差がついていきます。

能力や学力テストなどで分けて、集団が均一になるのであれば、それぞれの学校の中はレベルが同じで、授業がしやすくなると期待するのでしょうが、なかなかそうはいきません。

分ける手法だけで差に対応していくと、最後は一人ずつにしないとだめだということになって家庭教師におちつくのでしょうか・・・。

でも、一人で学ぶことだけでほんとうに子どもに「生きる力」が身につくのでしょうか。

クラスの中の子どもたちがお互い学び合いながら向上していけるようにすること。

これが、人を育てるときの大事な視点だと思うのです。

そのためには、自分だけわかればいい、という子ではなくて、

「友達にも私が味わったおもしろさを体験させてあげたい」
という子どもに育てることが必要だと私は考えます。

その一つが、皆さんもよく取り入れている授業中に友達にヒントを出して教え合う
という方法です。
ところが、このヒント、教師だってそんなに上手ではありません。

逆にヒントを出すのが上手になるように子どもを育てるということを一つの目標に
してみます。
まずは、すべてを発表させないで途中までにして、続きを友達に考えさせてあげる
という方法を試してみます。

逆に、聞くほう、教えてもらっている子には、自分で「あ、もうそこまででいい」
という権利をあげます。
相手がヒントを言いすぎるかもしれないから、自分でヒントの加減を調整できるよ

うにするのです。

こうすると、聞いている子が
「わかった。もう、あとはいい」と言ったら、ヒントを出す子はそこでストップします。

聞いていた子は、そこからは自分で考えることができます。

ヒントを出す子も、相手のわかり方を見ながら、わかり方に合わせて、言い方を変えていくことを学びます。


「まずここに1本線を引くでしょ？　これでどう？」

「えー、それじゃあ、まだわからない」

「じゃあ、もう一つ、ここに数字を入れると…」と言ったときに、聞いている子が
「わかった、そこからもう言わないでいい」

という理想的な関係ができるといいと思いませんか。


最初は、子どもたちに、この理想的な会話の例を示して、

「こんな関係のお友達を増やそう」ともちかけるのです。

Q2 説明役と、聞き役に分かれてしまいます。

A2 聞き役に「伝える」役割をさせます。

スモールティーチャーの話をすると、決まってこの質問も寄せられます。

「いつも説明する子と、いつも聞き役になる子の役割が分かれてしまいそう」

「そういう空気になるのがとても心配なんですけど・・・」という方もいらっしゃいます。


いつも、聞き役となってしまう子には、その子たちにも「伝える」という役割が別の場面で起きるようにすればいいのです。

授業中に説明活動をさせるのはむずかしくても、帰りの会やゲームのときに、いつも聞き役に回ってしまう子に説明役に回るチャンスをあげるようにします。

私がよくやるのは、帰りの会の伝言係をさせることです。
この子に話をさせたい、という子がいたら、グループの中で、その子が当たるように呼び出します。「明日持ってくるものを伝えるよ。今日は○番の子、代表で前においで」と言って指名するのです。

私のクラスでは4人グループで座るときに、机を下の図のようにくっつけて、座席で番号を決めていました。番号で呼び出すパターンのときは、その子たちが伝言する係ですから、話をする練習になります。

いつもは説明する立場ばかりの子でも、このときは聞き役に回ります。どんなに勉強が得意な子だって、伝言は聞かざるを得ないわけです。
なにも、最初から算数の時間だけに全部活躍させなくてもいいと考えて、いろいろな場を通して表現力を磨きましょう。

一日の中には総合的な学習の時間も生活科も国語の時間もあるのですから、その中でバランスよく話をするチャンスをつくってみてください。

「今日は、班で楽しいゲームをします。ゲームのルールは、班の中の一人にだけ教えます」と言って、その班の中で、比較的聞き役になりそうな子の名前を呼んで集める場合もあります。

「さあ、このゲームを班に戻って伝えてごらんなさい」ということをやるのです。

帰りの会の伝言係よりも、ちょっと高度で、複雑な内容を伝える、いい練習になります。

ただし、気をつけなければいけないのは、先生が呼んで伝達するときに、いつも説明が苦手な子や、算数が不得意な子ばかりを集めているように思われないようにすることです。

そのためには、だいたい6対4くらいで、呼び出します。

苦手な子が6人いるけれど、あとの4人の中には、クラスの中で子どもたちが「発表が得意・算数が得意」と思っているような子をワザと指名して入れておくわけです。
すると、
「いつも苦手な子ばっかり呼ばれてる…、あれ？　そうでもないか…」ということになります。

1番目、2番目に苦手な子を呼んでおいて、クラスの目線が
「あ、あの子、呼ばれた」
「あ、あの子も…」となって3番目くらいに、いちばん得意な子の名前をポンと呼んだりすると、そこで、できない子ばかりが呼ばれているという印象は消えます。

そんなことに配慮しながら、「説明や伝達ゲーム」をやればいいなと思います。

Q3 教え合いをすると、教える方の子が立ち止まってしまいませんか？

A3 得意な子は「表現力」を磨いているのです。

こうした方法をとると、教える方の子が立ち止まってしまうのではないか、と考える先生方が多いですね。

だから、早く終わった子には別のプリントを渡し、先へ先へと進ませるシステムをつくっているクラスも多いわけです。

でも、考えてみてください。

得意な子が立ち止まっているといいますが、得意な子はこの時間に「教え役」をすることで「説明力」を磨いているのです。

自分で「わかった」ということと、人に「説明できる」ということはまったく別の能力だと私は考えます。
たとえば、商品開発部が商品を開発することはできても、その良さをアピールすることは苦手なように
「なるほど、わかった」ということを、誰かに伝えるというのはすごく大変です。

だから、会社でも企画開発と営業が別なんです。

企画開発部はいい商品をつくっても、外でプレゼンテーションするとなるとできない。

営業部は、開発は苦手でも、もらったものをどうすると相手に伝わるかという能力、プレゼンテーションは得意です。

こういうふうに、物事を開発するという能力と、物事を伝えるという能力は別問題だと考えれば「立ち止まっている」と考えなくて済むようになります。


教育実習生も、小学校で子どもたちに教えようとしたときにはじめてほんとうの意

味がわかったということがあります。

人に何かを伝えようとしたときに、「案外私って、わかっていないじゃないの」と気がつくことは大人でもあるのです。

そしてまた、人に何かを伝えることで「ああ、なるほど、そういうことか」と、自分の考えが整理され、説明しながら納得がいくこともあります。


誰かに伝えようとしたときに、確実に、表現力、思考力は鍛えられているのです。

今回の学習指導要領の大きな柱として「思考力、判断力、表現力」が強調されました。

友達に説明することで、「伝える力」「表現力」を磨いているのだと思えば、解決できた子どもの別の側面を鍛えているのだと思えるようになります。


私は、このように相手のことを考えた話し合いの時間を、流行のペアトークの時間に実現したいと思っています。

ところが、いま行われているペアトークでは多くの場合、話をしている子どもが中身をすべてしゃべってしまっていて、これだと、相手方の子はほんとうに聞くだけになってしまって、考えることができません。

友達のわかり方にあわせてヒントを出すとか、途中までにするとか、さじ加減ができる子が増えるといいですね。

友達にも、私がわかったときのあの感覚を味わわせてあげたい…そう思うように育てていると考えたら、この時間は、心の教育をしている時間といってもいいのかもしれません。

Q4 ゲームなどをするとき、子どもたちの質問が次から次へと出てきて困るんですけど。

A4 子どもは動き出してから考えます。

子どもたちに新しいゲームのルールを伝えて遊ぼうとすると、たくさん質問が出ることがあります。３人の子どもが「はい、質問があります」と手を挙げたとしましょう。すると先生は、「では、その３人で質問は終わります」と区切ることがあります。

ところが、最初の３人の質問を聞いているうちに、また次の質問が生まれて、手が挙がる…。こんな光景を、何度も目にしているはずです。

子どもの疑問というのは、一歩踏み込んだ後に生まれます。
大人でも一つ踏み込むと、次の疑問が生まれるということもよくありますよね。
最初のところだけで立ち止まらせないで、もう一歩行くと、疑問自体も深く変わります。

とくに子どもは動き出してから考えはじめます。はじめからそういうものだ、と思っていると、
「3人で終わります」という言葉ではなくて
「まず3人の質問を聞きます」と告げ、質問の後に
「いまの3人の質問を聞いて、また新たに聞きたくなったことはありませんか？」と尋ねる先生になれます。

先日この話をしたら、若い先生から
「じゃあ、それを何回までやったらいいんですか」と質問されました。

そうですね。このままだと実はずっと質問が続きます（笑）。どんどん生まれるから。

でも、次々と出される質問に、周りの子どもが「えー、もういいのに…」という顔つきになるときがきます。

そんな顔つきの子がちらほら見えてきたら、そろそろ潮時だと判断しましょう。

「もうゲームに入りたいという人もいるから、この続きはそのあとにしましょう。ゲームをやったあとに、もう1回尋ねる時間をあげるからね」と切り上げます。

ただし、まだ、子どもたちに質問したい気持ちがたくさんあるうちはクリアしないとダメですよ。

それは先生の最初のゲームの説明が下手なときでしょうから（笑）。

ただ、こういう場面でのマニュアルはありません。

目の前の子どもたちの聞く姿勢、必要感を先生は肌で感じながら、

「あと、二回りでいいな」とか、

「もう一回り要るな」など、考えて対応してください。

Q 5 教室から別の場所へ連れて行くときに、なかなか列になってくれません。

A 5 少しだけ歩きはじめてみます。

いつも全員が並んでから歩き出そうとしていませんか?

全員がそろうまで待っていると、最初から並んで待っている子が退屈になるときがあります。

そんなときは、半分ぐらいの子が並んだところで少しだけ歩きはじめてみます。

廊下の友達が動き出すと、教室の中でのんびりしていた子が、慌てて列に追いつこうとしはじめます。

もちろん歩きはじめるといっても、数歩歩いたところで立ち止まり、全員の様子を見ます。

このあたりで、ほぼ全員が列に混じろうとしているでしょう。

さっと見て、全員がそろっていることを確認したら、声をかけて歩き出します。

たとえば、教室から体育館へ向かうにしても、途中曲がり角がありますよね。

曲がり角を曲がったら、早めに立ち止まります。

遠足に行ったときに、列を整えるために、立ち止まって、列を整えますよね。それと同じです。

校内でも後ろを気にすることはお忘れなく。

立ち止まることを意識する先生と意識しない先生がいて、意識しない先生だと体育館につくまでに1年生の半分がいなくなってしまうなんて、笑えない話もありますから（笑）。

Q6 全校集会で子どもが話を聞いてくれません。

A6 いつもとリズムを変えてみましょう。

子どもが静かに話を聞くのは、目の前の先生のリズムが変わったときです。

大人も同じです。私が講演をしているとき、聞いている先生たちが急に静かになるのは、私の身にトラブルが起きたときです。

パソコンがつかない、プロジェクターの電源が入らない、マイクのスイッチがうまく作動しない、……こういうことが起きると、途端に会場の先生たちがシーンとして注目します。

こういう状況を子どもたちにつくるといいと思いませんか？

夏休み明けの全校朝会で、壇上に上がった校長先生が「夏休みは楽しかったですか？」と声かけをして、子どもたちが「楽しかった！」と口々に話しはじめ、収拾がつかなくなった場面を想像してください。「いま、先生のお話の途中です」と声かけしても、一向に効き目がないですね。
では、壇上の先生が黙って、上着のポケットの中を探す仕草を続けたとします。「あれ、どこにやっちゃったかな？」というように…。
子どもたちはシーンとして、先生の様子をうかがうはずです。

子どもが話を聞いてくれないという先生は、平坦なリズムで話す方が多いです。同僚の先生同士で「この先生の話のときは子どもがよく聞くな」「この先生のときには聞かないな」と、お互いに観察してみてもいいでしょう。

子どもはリズムで動きます。ためしに、いつもと違うリズムで動いてみてください。それだけで子どもの意識は変わりますよ。

Q7 どのくらいの頻度で席替えをされていましたか？

A7 比較的短期間で席替えしていました。

私は子どもたちが席替えをしたあとに、「えー」といった悪い空気になるのを避けるため、比較的短期間で席替えをすることを心がけていました。

普段は、10日に1回の割合で席替えしていました。

10日に1回というと

「えー、そんなに何回も席替えをするんですか？」と驚かれることも多いのですが、40人のクラスで4人の子どもたちが日直をするので、それが10日で一回り終わったら、また席替えをしていました。

要は、子どもたちに次の席替えの目安を最初から見せていたのです。

子どもたちは先が見えるとがんばることができます。

逆に、見通しがもてないと不安です。

「この席がいつまで続くんだろう。先生の気分次第？」という状況では不満も募ります。

あまり気の合わない子が隣の席になったとき、長く一緒にいるのだとしたら「嫌だな」という子も多いでしょう。


ですから私は、はじめから日直が一巡したら席替えをする、と決めていました。

「10日したらまた席替えだ！」と思うから、10日くらいならがんばろう、という気持ちにもなれるし、隣の子とも短期間だから仲良くできるのです。

もちろん、その期間はクラスの事情でちがってもいいのですが、見通しを子どもたちにもたせてあげるということです。

Q8 田中先生の席替えの方法を教えてください。

A8 ちょっとした裏技を教えます。

子どもたちからすると、くじでやる席替えが楽しい。でも、教師からすると、気になる子ども、ちょっと人間関係がいろいろある子がいると、教師が決めたほうが安全だという場合もあります。

世の中の先生たちもその二つのバランスで苦労されていることでしょう。

子どもがくじで楽しみたいというのと、やはり教師が配慮しなければいけない、というこの二つがあることを合体した私の裏技を一つ紹介しましょう。

私のクラスでは、左下のように男女が隣り合うようにいつもしていました。

まずくじでやる場合。毎回くじをつくるのは大変です。だから座席表を書いて、乱数を書くという方法にします。

乱数を男子と女子とで別々に書く。子どもたちは廊下に出て、教師に見えないようにしてランダムに並び直す。

これによってくじが成立します。

これでたくさんの紙などを使ってくじをつくらなくて済むから、簡単にできます。慣れたらあっという間です。

ちょっと配慮しなければいけない子がいる場合、たとえば、やんちゃな男の子の隣に、お世話係になりそうな、お姉さんタイプの子を配置することも意識します。

毎回は無理ですが、または気になる子全員は無理ですが、「今回の席替えではこの

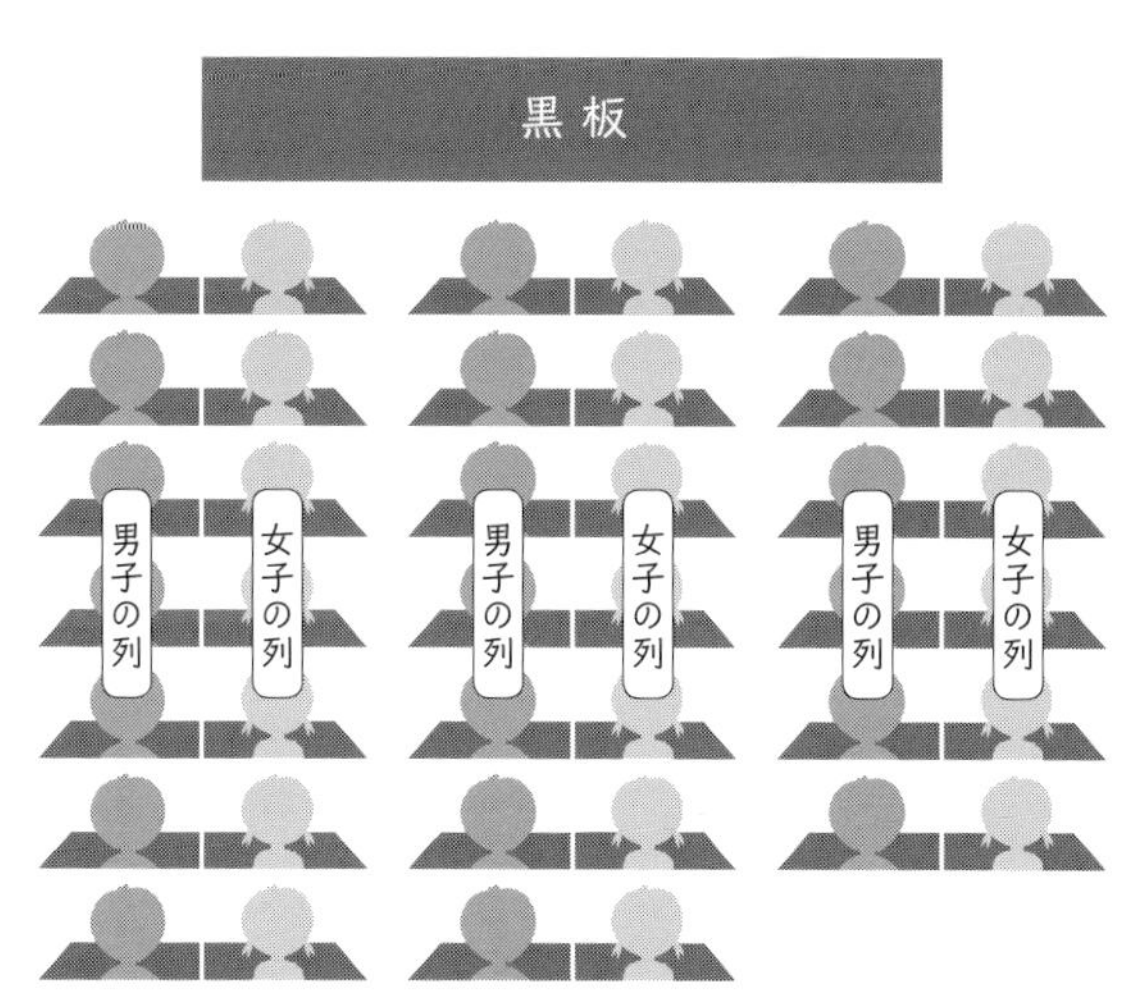

子に気をつけよう」と焦点をしぼって配慮するのです。
たとえば、ちょっと手のかかるT君の横に、お姉さんタイプのAちゃんを並べたいな、と思ったら、廊下に出て並んでいる子どもたちを2回叱ります。
わざとしばらく騒がせておいて、
「騒いでいると番号を間違えて迷惑かけるよ」と言いながら、T君の2人前のD君に
「ほら、そこ騒いでる！　D君、自分の番号言える？」と聞く。D君が
「はい、13です」というのを聞いて、15を前の方に書く。

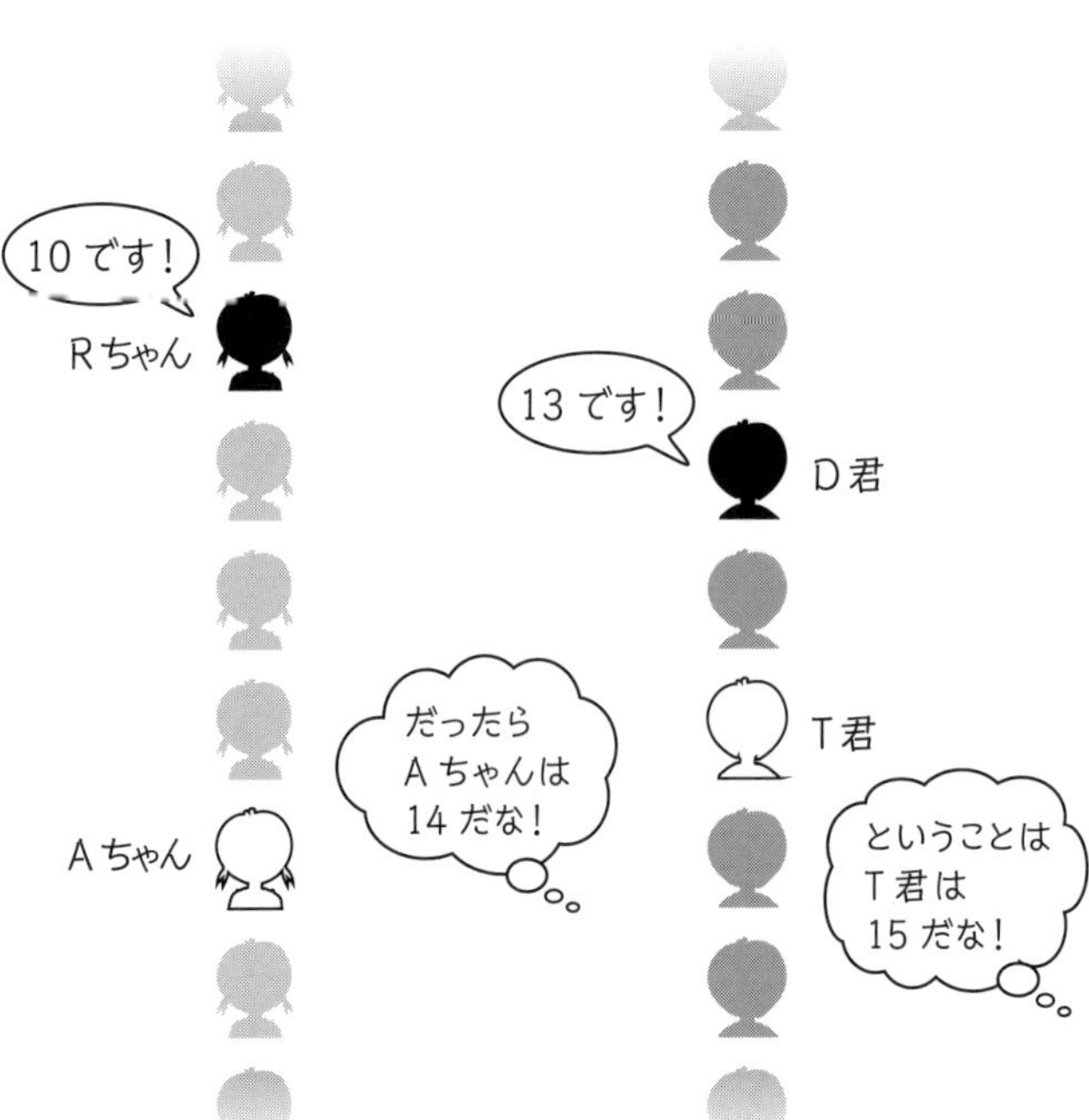

またもう少しほおっておくと、騒ぎ出しますから、ガラッと戸を開けて
「女子、声がでかい！　隣に聞こえるでしょ！　Rちゃん、何番目？」
「10です！」とRちゃんに言わせて、Aちゃんは14だなと見当をつけるわけです。
こうして、前の方にT君とAちゃんの席ができることになります。

毎回特定すると気がつくから、次のときにはT君とペアにするのは、別のお姉さんタイプのCちゃんにしたり、Eちゃんにしたりするわけです。

もちろん席順も1番前だったり前から3番目だったりする。

こうすると、子どもは絶対に気づきません（笑）。

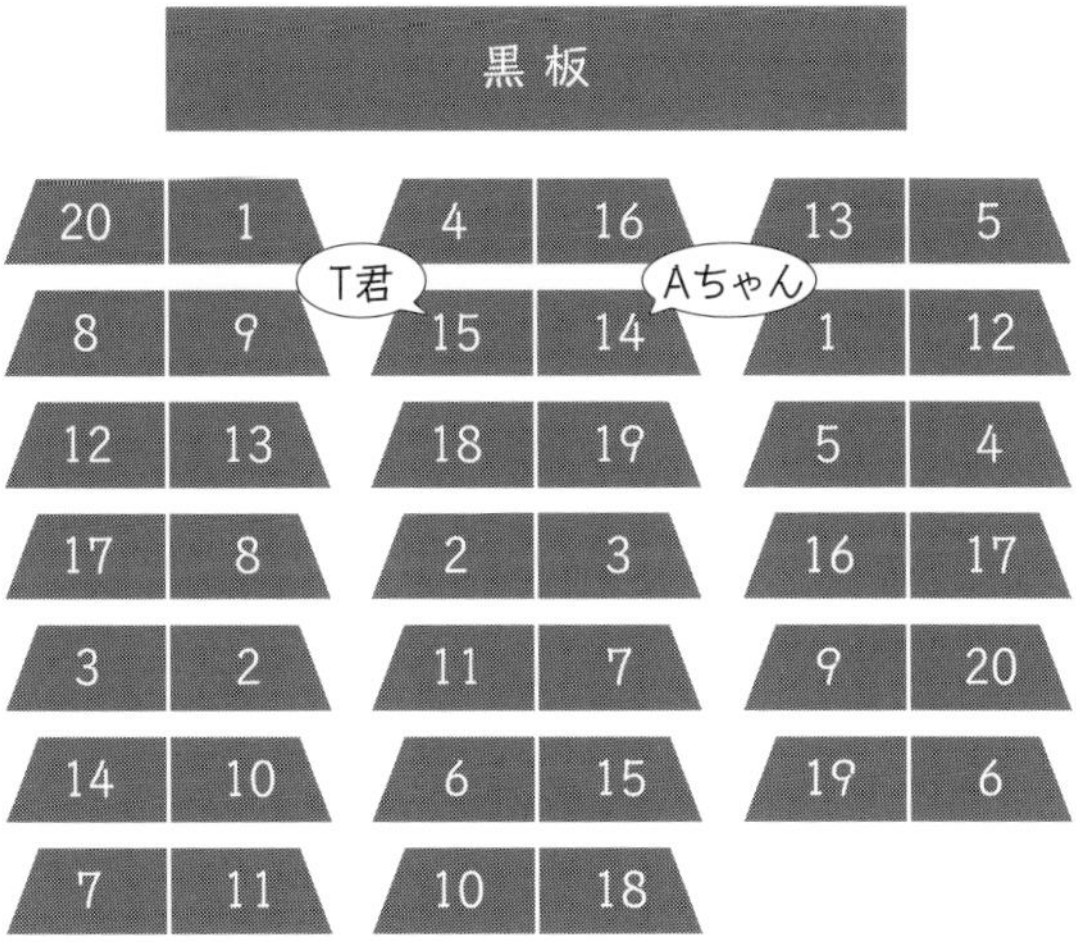

黒板

20	1	4	16	13	5
8	9	15（T君）	14（Aちゃん）	1	12
12	13	18	19	5	4
17	8	2	3	16	17
3	2	11	7	9	20
14	10	6	15	19	6
7	11	10	18		

Q9 授業中に全く発言しない子がいます。自信をつけさせて、話をさせたいのですが。

A9 かかわり続けると少しずつ変わります。

以前受け持った子どもの中に、人前で話すことがとても苦手な女の子がいました。

休み時間は元気にしゃべっているのですが、授業中は全く発言をしません。

私が目を合わせて当てようとすると、スッと動いて前の子の影に隠れてしまいます。

でも、ノートに書いてあることを読むと、とてもいいことを書いているのです。

折に触れて
「これいいね。みんなの前で言ってみたら?」と促してみるのですが、なかなか発表してくれません。

廊下ですれ違うときにも
「あれをみんなの前で発表すると、みんな驚くと思うな」と声をかけてみますが、首をすくめてしまいます。

でも、授業中、お隣同士でお話ししてごらん、というときはしゃべるんです。

そばに言って
「いまの発表上手だな」とほめてから教壇の前に行って、

「いまのお話できる人」と促すことをくり返していたら、前の子の背中に隠れていたその子が、次第に目を合わせて、ニコっと笑うようになりました。

でもやはり、すぐには手は挙げません。


手を挙げた経験のない子どもは、いきなり手は挙げません。

でも、ちょっとずつ、ちょっとずつ、教師がかかわり続けると、子どもも少しずつ変わっていきます。

何日かすると、その子が休み時間に話しかけてくるようになりました。

ある日ペアトークをしたときに、とてもすばらしい説明をしていたので、「いまのはいいな。でも、きっとみんなの前では言わないだろうな」と逆のことをつぶやきました。

そして、また教壇の前に戻って、

「ではみんなの前でお話ししてくれる人」と言ったら、その女の子の机に置いていた手がフッと動いたんです。

手がしっかりと挙がるまではいきません。でも、机の上に伏せていた右手の小指がかすかに動いたのです。

この瞬間、私はこれは彼女が前に行こうとした意思表示だと捉えて、すかさずその子を当てました。

ここで、その子が口を開かないようだったら、またあきらめようと思っていたのです。

ところが、指名されたらスッと立ち上がって説明をはじめたのです。

みんなが
「え？　どういうこと？　もう一度言って」と言ったら、なんとツカツカと前に出てきて、自分がノートに描いていた絵を黒板に描いてお話をはじめたのです。

すると、教室からすごい拍手が巻き起こって、その子は嬉しそうに自分の席に戻っていきました。

翌日からこの子は、大きく変わりました。研究会でも一〇〇〇人の先生方の前でマイクを持って話したこともあります。

この女の子への働きかけには、実はお母さんとの連携プレーもあったのですが、そのお話はまたの機会に…。

一人の子に焦点を当ててがんばれば、ちゃんと子どもは変われます。

「ああ、先生は、今週は、なんとかこの子を発表させようと、がんばっているんだな」

…先生が一生懸命一人の子に働きかけている、ということを理解してくれたら、ちゃんと周りの子どもが助けてくれます。

Q10 ハンドサインやヒントカードを効果的に使うコツはありませんか？

A10 何のために使いたいのかを考えましょう。

「そうです」「ちがいます」「つけ加えがあります」というような、たった3つの選択肢で表現するのは大変なことだと思いませんか？

「明らかに反対」ならばいいですが、「前半はわかるよ、でも後半はわからない」ということだってあります。

大人だって、話しながら、反対から賛成に意見が変わることもあるでしょう？

自分の状態を判断してからしか発表できないのは、とてもハードルが高いのです。

子どもたちに、もっと気軽に、自然にしゃべらせたいと思いませんか。

何のためにハンドサインをさせるのかというと、教師が「いまは反対意見を聞きたいから」、「いまは応援させてあげたい」と思うからですよね。だったら、そこで「この意見に反対する人いませんか？」と聞けば済みます。「この意見、半分はわかるけど、半分はちがうんじゃないかな？という人、いますか？」と聞けばいい。

目的をもってやればいいと思います。

ヒントカードも同じです。

先日若い先生から

「ヒントカードを6枚用意して机間指導しながら、『このカードとこのカードの間だな』と迷うとき、どうしたらいいですか?」と質問されました。

でも、「間だな」と判断したのなら、そこで話しかければいいですよね(笑)。

6枚のヒントカードを用意しているのだとしたら、その倍くらいのコメントはできるはずですから。

ただし、6枚のカードを事前に用意すること自体は授業の準備として大切なことだと思います。

どんなヒントを出そうか、と考えるのは教材研究としてはとても大事なことです。

事前に考えておいたヒントとマッチすれば、それでOKです。

マッチしなかったら、その場で臨機応変に、ヒントを変えたり、ヒントを一部分にしたりするということを、もっと柔軟にしていただきたいと思います。

それが機械ではなく、人がかかわることの良さですから。

Q11 保護者から「習っていない漢字は使わないでください」と言われます。

漢字に限らず、子どもたちが興味を示したら、次学年で学ぶことでも教えたいのですが。

A11 振り仮名を振って書いています。

この情報化社会において、習っていない漢字も避けては通れませんよね。

私は習っていない漢字も使わないと不自然になるときは積極的に書いて、振り仮名を振るようにしています。

書くのはむずかしくても、読むことはできる。だから、子どもにも漢字は書かなくていいよ、振り仮名の方を書きなさい、と指示します。

教科書によって初出順も違いますし、学習指導要領でも、後の学年で習う漢字でも振り仮名を振ればいいと言っています。

ご質問には「漢字に限らず、子どもたちが興味を示したら、次学年で学ぶことでも教えたいのですが…」ともあります。

子どもたちが次学年で学ぶことを知りたがったときにどう対応するのか。

そもそも私は知りたがる子どもを育てることが大切だと思うのです。

たとえば「整数は10こまとまると一つ位が変わります」と習い、小数も一つ位が右に移ったら、メモリを10ずつに分けて測ります、と学ぶようなとき、

「先生、それでも測れなかったらどうするの？」と自然に子どもたちは疑問に思います。

「ああ、それはまた次の学年でね」と言わずに
「どうすると思う？」と聞けばいい。すると、

「また小さなメモリをつくる」と子どもが言うかもしれません。そうしたら、

「じゃあ、つくってみようか」と、やってみればいいのです。一気に小数第2位、第3位の話題まで進むことができます。

分数でも、1/5を習って、1/5が2こで2/5、3こで3/5、4こで4/5、5こで5/5とやったら、「じゃあ、6こは？」と考えようとするのは普通のことでしょう。逆にそこで、止まっているような子にしてはいけないと思います。

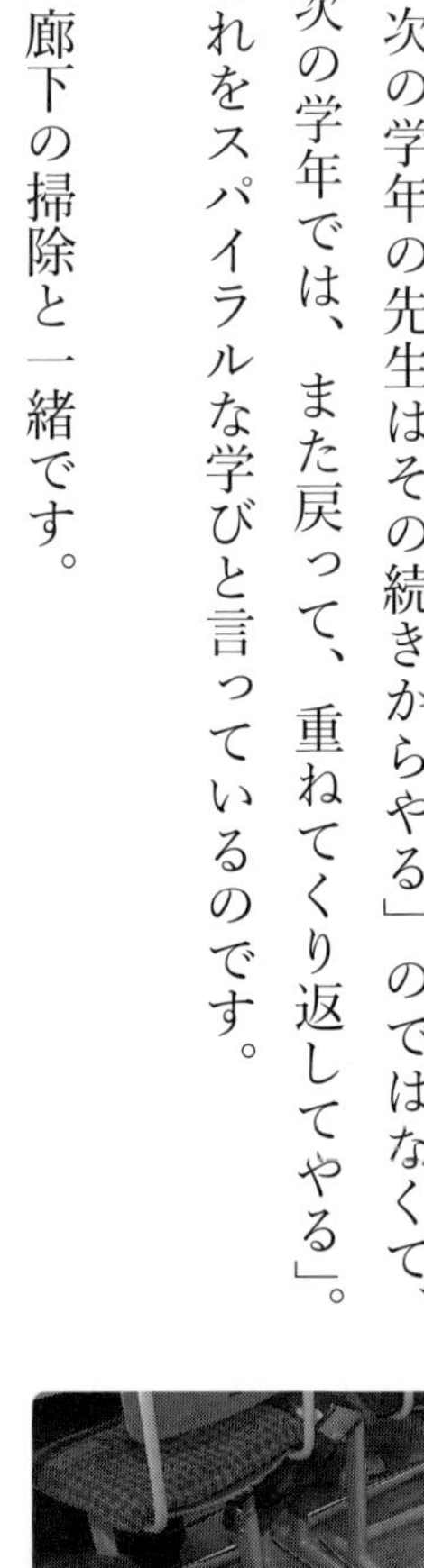

「次の学年の先生はその続きからやる」のではなくて、「次の学年では、また戻って、重ねてくり返してやる」。これをスパイラルな学びと言っているのです。

廊下の掃除と一緒です。

1組と2組の廊下に境目ができるようではだめなんです。お互い相手のところまで踏み込んで拭かないといけませんよね（笑）。

昔の先生の中には、子どもたちが

「知ってる！」というのが嫌で、次の学年のものを教えることを嫌がる方もいましたが、いまは文部科学省もスパイラルの発想になり、教科書もそうなっています。

たとえば、真分数までの学習と学習指導要領に書いてあっても、教科書では発展ということで仮分数まで前学年で扱っているところもあります。

自信をもって、子どもの興味に合わせて、次のところも教えていただければいいと思いますよ。

若手教師のぶっちゃけトーク

昨年の夏に行われた全国算数授業研究会。会長の私の役割は最後の講演だけでしたが、実はこっそりとワークショップにも出ていたのでした。

でも、他の教室では懸命に準備した他県の若い先生たちのワークショップが行われるのでそれを邪魔してはいけないと思い、私はペンネームで参加。

私が行ったのは「若手教師のぶっちゃけトーク」の教室。

20代の先生たちが、普段では尋ねられないお悩みを語るのですが、それを私がMCとなってつないでトークしていくというコーナー。

ちょっとした教師相手の田中の授業。

最初は少人数でやっていたのですが（気づかれないように、わざと教室のドアを閉めていましたので・・・）、いつの間にか会場には、私のにおいをかぎつけてきたベテラン教師もそろっていたので、そのメンバーも巻き込んでトークしてみました。

この企画、なかなかおもしろい。またどこかで、そっとやります（笑）。

同様の企画は全国のいろいろな地域でも試していますが、ここからはそれらをまとめてご紹介していきたいと思います。

（本文の質問やご意見は、全国算数授業研究会のワークショップのものだけではありません。）

低学年で困ること

田中　1年生を受け持ったときに困ることって、何だと思いますか？

◆　ひらがなを習っていない1年生に、連絡帳とかどうするんですか？　私はまだ1年生を受け持ったことがないのですが、どうやって明日の持ち物を伝えているのか、前から疑問でした。

田中　なるほど。実際に1年生を受け持った経験のある先生に答えていただきましょうか。いかがですか？

◇　連絡帳は、最初は書けないので、おうちの方へお手紙を毎日出していました。子どもたちには口頭で伝えるしかないのかな、と思っていました。

田中　週の予定とかを事前に出しておくんですか？

◇　はい。「おうちに帰って、おうちの人と一緒にお手紙を読みながらそろえてきてね」「時間割を見てきてね」と声かけしたり、帰りの会で、「明日はこれ持ってくるよ」と現物を見せたり、ということもやっていました。

田中　すると、その時点では子どもたちは人任せですよね。なんとか自分で子どもたちにやらせる方法、スタートからこうやって変えるといい、というアイデアはありませんか？

N先生　1年生の最初は、絵のカードをつくりました。たとえば、朝学校に来たら何をするか――「ランドセルを片付ける」「帽子をしまう」「校内服に着替える」という絵のカードを貼って、朝来たらこれをしましょうというお話をしました。1週間だけそのカードを貼って、翌週からはカードがなくてもできるようにしました。

田中　絵で伝える、というお話でした。おうちの人にお手紙で「明日はこれを持ってきてください」と頼む場合でも、4つ持ってくるものがあったとしたら、そのうち3つは手紙に書いて、「あと1つはお子さんに尋ねてください」というやり方もありますね。子どもたちに、「1つは書かないよ」と言う。「えー。それじゃあ困る」と子どもに言わせて、「明日持ってきてほしいのはこういうものだよ」というと、子どもは絵を描く。それでおうちの人に4つ目を伝えるという練習をすれば、子どもは育ちます。

絵バージョン。たったこれだけのことだけど一歩前進します。

●私が1年生を受け持ったときは写真を活用しました。ランドセルのしまい方とか、掃除のしかたとか、「こうなっているといいね」という写真を貼って伝えました。

田中　スタートは「生活のしかたを教える」ということでしょうか。

朝学校に来て、それからランドセルを片付けて、連絡帳を出して、・・・と教えますよね。教えないといけないと思っていますよね。彼らは、幼稚園のときどうしていたと思いますか？　幼稚園の先生のリズムを聞くというのをやると、見方が変わりますよ。

幼稚園によっては、かなりしっかりとしたシステムをつくっているところもあります。

彼らが幼稚園時代に身につけたものを「使う」という発想をもつと、スタートがすごく楽です。

幼稚園の先生に聞きに行くわけにはいかないでしょうが、1年生に聞けばいいですよね。それぞれの年長さん時代の思い出なら話せるはずです。３つ４つの幼稚園や保育園から来ているだろうから、給食のやり方とか、彼らにもっと聞けばいいと思います。

ちなみにうちの学校では３年生が終わると４年生からクラス替えになります。

そのスタートのときに若い先生は必死に自分のシステムを教え込もうとするけれど、「今日は元１組方式でやってごらん」「今日は元２組方式でやってごらん」とやらせてみると、彼らがちゃんと説明します。

ときには自分たちで「ほんとうは、こうした方がやりやすいんだけどね」といった改善案も出てきます。よいところを組み合わせて新しいクラスの方式にするというアイデアもあります。


Y先生（一般参加されていた校長先生）　いろいろな幼稚園、保育園から来ているから、朝の動き方がバラバラなのは当たり前です。前提として、まずはそこにイライラしないこと。最初のスタートは、先生も朝教室にいるので、そのバラバラな子どもたちをよく観察すること。

観察すると「ああ、あの子、意外とちゃんとできるんだな」という発見があります。だいたい基本は机の上にランドセルを置いて、中のものを机に入れて、ランドセルはここにしまおう、といったルールの設定ですよね。それがまず身につくまでの時間をよく観察しておくと、一人ひとりにかける声も変わってくるのではないかな、と思います。
また、新入生のお世話に6年生が入りますね。靴箱のところで待っていてくれて、「上履きはかかとを揃えて入れましょう」とか教えてくれるけれど、僕は6年生にも「一度言って、毎日手を出さないように、ちょっと引いて見てあげて」と話します。

田中　Y先生は、生活習慣の話をしているようだけれど、実は算数の勉強とぴったり一致します。言葉で伝わらないときは絵にする、6年生が1年生に教えるときに全部教えないである程度まで示唆して続きは考えさせる、というのも授業中に使います。
私はいま、時系列で教えることはあまりしません。まずこれをして、というのではなく、完成形を見せる。「最後にこうなればいい」というのを見せて、この順番は自分た

ちで考えなさい、というと、二度手間、三度手間をかける子もいっぱいいる。そんな様子を見ながら、一度にやればいいのにな、と思うけれど、それが勉強だから、指示は出しません。

すると、段取りよく早く終わる子と、そうではない子に分かれていきます。ランドセルを机に置いて、開けて、中身をしまうのに、ランドセル自体を除ければ早いのに、ずっと置いたままにするから狭いスペースで作業している子もいます。

どんどん積み重ねて、バサッと落ちる。それでも狭いスペースしか使わない子もいます。「ランドセルを机に掛けるって、いつ気づくかな」・・そんなこと一つひとつをおもしろがって見ていればいいけれど、何時までに何かをしないといけない、となるとあせりますね。

Y先生　体操着に着替えているつもりで給食の白衣を着ている子もいますからね。机の横にぶら下がっている白い袋が似ているから（笑）。周りの子が体操着に着替えながら、白衣に着替えている子をじっと見ている。

また、別の会場では、高学年の話題で盛り上がりました。

高学年で困ること

田中　高学年の子どもとのつき合い方で困ることって何でしょうか。

◎　「かかわり方」ですね。子ども同士の人間関係もあるし、教師と子どもの人間関係もむずかしい。

田中　いい話題ですね。ほかにどうですか？

■　4年生ですが、女の子が急に大人っぽくなってきて…。子どもっぽい、やんちゃな子もいるけれど、コミュニケーションの取りづらい子も出てきて、正直、戸惑いがあります。

□　私はいま6年生の担任ですが、初任で4年生を受け持ってそのまま持ち上がっています。4年生を初めて受け持った

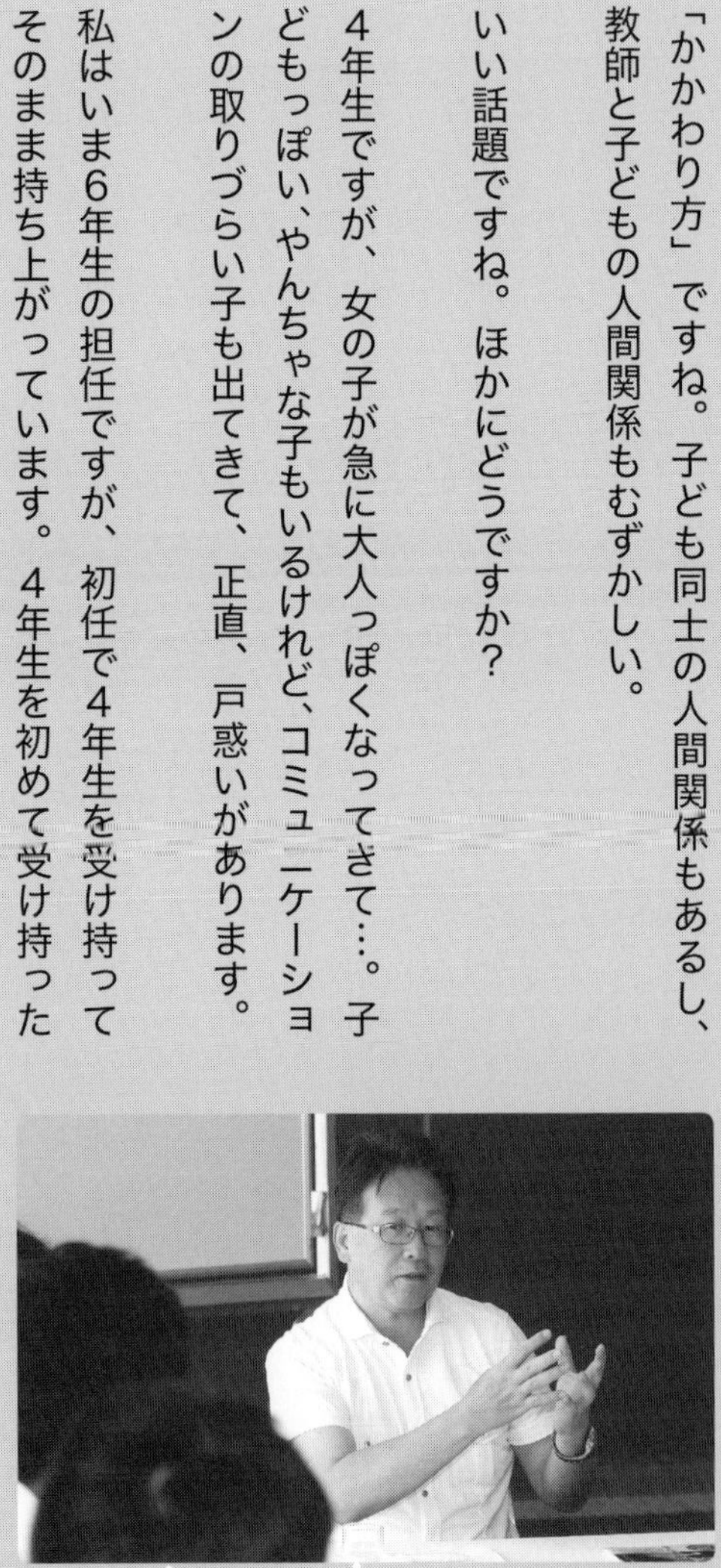

ときは、とにかく一緒に遊ぶように心がけました。

田中　若い先生は「研修づくめで時間がない」と言われているので、遊べると聞いてホッとしました。上級生の人間関係について、ベテランの先生方にも聞いてみましょうか。

☆　上級生でいちばん子どもが嫌がるのが「依怙贔屓（えこひいき）」です。どうしても嫌いな子、合わないな、というのはわかる。子どもはもっとわかっているんですよね。クラスの中で「先生はあの子嫌いなんだな」というのがわかると、クラスの中でなんとなく、外してしまうようなところがあります。

女の子に対してですが、僕は高学年になったら、全体の前で強くは叱りません。注意はするけれど、本当に言わなければいけないときは呼んで個別に話すようにしています。女の子は、全体の前で一発ガツンと言うと、距離をもってきてしまいますから。

△　高学年の女の子が教師の方を向いているクラスはまとまっていきますね。

田中　高学年の女の子はかかわり方がむずかしいですね。

たとえば、この子はちょっと仲間外れになっているな、と思うから、先生の方が一生懸命かかわろうとする。これを依怙贔屓ととられるか。それで引いてしまうとまた距離があいてしまうといったこともあります。

実は授業中も、われわれが無意識にやっているのだけれど、結構よく発表する子を当てない場合がありませんか？　研究会でも必死に手を挙げているのに、どうしてあの子は当たらないの、という子がいますよね。

教師には、「この子はいつも活躍するから、後回しにしておこう」という気持ちが働きます。なぜだか不思議と気になっている子たちを先に活躍させようとしてしまうのです。けれど、それがほかの子から見たら「いつもあの子ばっかりが先に当たってずるい」ということになっているかもしれません。このさじ加減はほんとうにむずかしい。

☆

いい考えを持っているけれど発言が少ない子、あまり手を挙げられない子もいます。机を回っているときに「これいいね。あとで発表してね」と一声かけるとか、何でも手を挙げる子には「別のやり方ない？」とか個別に声をかけると、全体として贔屓していると いう感じは出ないのではないか、と思いながらやっています。

田中　周りの先生にもうかがってみましょう。M先生いかがですか？

M先生　いま私は校長をしていて、幼稚園長も兼ねています。ですから、はじめに出ていた幼稚園の話からしますね。幼稚園と学校がまず大きく違うのは「時間」です。幼稚園には時間割はない、机がない、あとは基本的にみんな同じです。

私の学校は児童が800人以上、高学年は4クラスずつあって、教師にも若手、初任者が10人いますので、若い男の先生

にはいつも「女の子のトラブルが起きたときには、必ず経験を積んだ女性の目で見てもらいなさい」と言っています。

ベテランの女性に様子を見てもらって「それでいい」と言われたらそれでいい。だけど、「先生、ちょっとおかしいよ」と言われたら、おかしさがあるんだから、そこだけは注意してね、と言います。女の子との関係は、私自身もそうだったけれど、若手の男性には見えないところがある。とくにイジメといったことになってくると、見えないところがあるから、必ず同じ学年、あるいは学年部の年配の信頼できる女の先生に様子を見てもらうのが大事だと思います。

田中　セカンドオピニオンですね。セカンドオピニオンが学級経営にも必要ということですかね。女性の立場でいかがですか？　女性の先生は女の子とのかかわり方にあまり気をつかわないで済むのでしょうか？

★　うーん、今はあんまり気をつかいませんが、初任の頃は気をつかっていました。

小学生の頃、自分が先生からされて嫌だったことってありますよね。依怙贔屓だったり、ずっと言っていた話が途中でコロッと変わったり、途中から指導が変わったり、子どものときに嫌な思いをしたことって結構忘れないものです（笑）。

初任のときには、男の子、女の子関係なく、みんなの前で叱る場合などはすごく気をつかっていました。いまは以前よりは自然にできるようになったのかな、と思います。

先ほどの、若い男性の先生には見えないという話に大いに共感します。いま私は学年主任をしていて、ほかの2人の先生が若い男性なんです。その若い先生のクラスをちょっと見ただけで「どう見ても、この3人の女の子の人間関係は厳しいよね」と、私が深く考えなくても見えることでさえ、新任の先生は「僕はまったくそう思わない」と言うんです。女性と男性はそもそも経験と見方が違うので、大人同士、学校全体で頻繁に話をしたり、様子を聞いたりするのは大切なことだなと思っています。

田中　私は、実は男性の先生、女性の先生だからとい

うだけでなく、その方が学生時代にどれくらい人付き合いをしていたか、というのが大きいように思います。教師も人間関係力を磨かないとね（笑）。

では、先ほどの話題に戻します。

授業のときに「わからない」という子がいて、その子にかかわることを依怙贔屓ととるか、とらないか、どう思われますか？

★　ずるいな、とは思わなかったけれど、いいな、私も先生に構ってほしいな、と思ったことはあります。

田中　そういう声を授業中に聞いたことがあるでしょう？　「○○ちゃん、そうだね」とやると「いいなぁー」といった声が出る。「いいなー」の段階は声が出ているからまだいい。そのう

ち「ずるーい」になる。

低学年を持っていたら、「はい、はい、はい」と手を挙げて、当てられたときに「あーまた○○ちゃん」という声が出ます。あの言葉をみんな真剣に聞いていないように思います。

「ああ、そうかこの子を当てる頻度が高いのか」とか「ああ『いいなー』という声が出るということは、私に対してまんざらでもないな」とか（笑）。

そういう子どもたちの反応や言葉をちゃんと情報として受け取ることは必要ですね。構ったときに「いいなー」と言ってくれるうちはいい。近づいてきてほしくない、という態度をとられたら要注意です（笑）。

高学年は教室で「今日はお掃除をよくがんばっているね」とほめて、ほめたときに喜んでいるうちは大丈夫。ほめたのに、顔が曇る子もいます。

「ちょっとやめてよ」という感じの子のときに、しつこくしないほうがいいですね。

何か見えないところに、別の事実がかくれているかもしれないですからね。

子どもと対話しながら、教師も連続的に変化していく覚悟が必要です。

こんなこと

Part 2

算数の授業で困っています！

Q12 教材づくりに苦労しています。

A12 まずはご自身で問題を解いてみましょう。

単純に魔方陣をするだけでも、いい教材になりますよ。

1年生の教科書には必ずといっていいほど載っているので、ご存知でしょう。

3×3のマスに、縦横斜めの和が等しくなるように、つくる数字パズルのようなものです。

マス目を用意しました。パッと思いつくものなのかどうか、大人もちょっと考えてみてください。

「急に言われても……」という方のために、ヒントを出しましょう。
真ん中には5が入ります。これで簡単になったでしょう（笑）。

「はじめ！」

5	5	5
5	5	5
5	5	5

「はじめ！」と言われて、人はようやくスイッチが入ります。スイッチが入った瞬間
「あれ？　この問題、条件はそれだけ？」と、疑問を持つ方も
多いでしょう。

あとでお話ししますが、私は敢えて、講座のとき、条件をあ
いまいにして、先生方とやってみました。

この問題を1年生に出すと、1年生は瞬間的に上のように解
きました。

私が言った問題は「縦横斜めの和が等しくなるように」だけ
ですから、これでもいいのです。

いかがですか？　ちゃんと、縦、横、斜めの和は全部15で揃っています。

1	1	1
1	5	1
1	1	1

私は、1から9までを使えとは一言も言っていないのですから正解です。

そうしたら、それを見ていたほかの子が「なんだ、それでいいんだ！　じゃあ、私もできた！」と言って書いたのが上です。

いかがですか？　一瞬良さそうに思えたけれど、ちがいますね。子どもたちもしばらくして「だめだ」と気づきます。

2番目の子はどう考えたのか、想像できますか？

「最初の子が、周りに全部同じ数字を入れた」と思ったのでしょうね。だから、周りの数字が全部同じならいいと思った。

これは、考え方としては筋道が通っています。周りに全部同じ数字を入れるとできると思った。そしてもう一度、ルールの確認に戻ると、ダメなところが発見される。

このような子どもとの会話の中に「考え方」が育つ大切な場面があるのです。

実は、一つしか例を見ないで決まりを発見すると、子どもの中にこういったズレが生まれるということは、いろいろなところで起きています。

たとえば、1辺が1㎝の正方形の面積を1㎠と習った子どものなかには、1辺が5㎝の正方形の面積を5㎠だと思う子もいます。

1辺が1㎝→1㎠
1辺が5㎝→5㎠

上の表を見てください。文章的には何の破綻もないですよね。

子どもたちは、たった一つの経験から、すぐに一般化しようとします。

授業中に、みなさんが台形の面積をやるときも、円の面積をやるときも、まだ問題を1問しか解いていないのに、もう公式に入るということ…、思い当たりませんか。

これらは本当は何問も解いているうちに共通性が見つかってつくられていくべきものなのです。

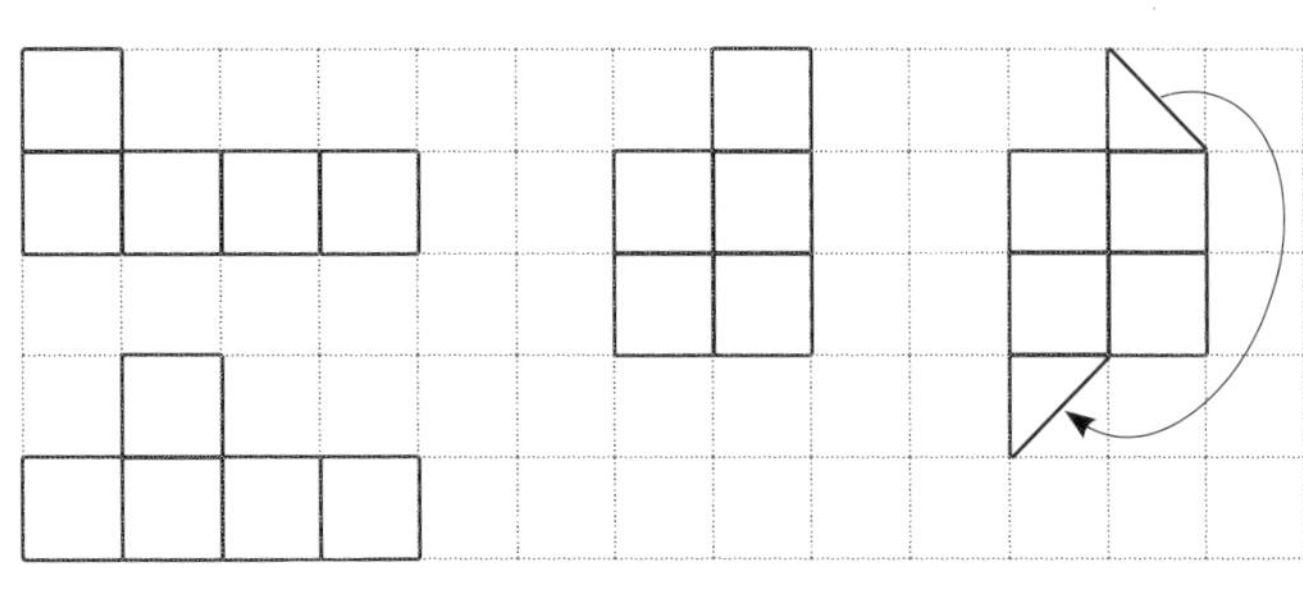

1辺が1㎝で1㎠、1辺が5㎝で5㎠、こんな感覚をもったまま5年生になると、

「5㎠の正方形を描きなさい」といわれて大きな正方形を描いて平然としています。そんな子がクラスにいないでしょうか。

私も飛び込み授業で、

「どうして君の5㎠の正方形は、そんなに大きいの?」と尋ね、「ほんとうはおかしいのかな、と思っていたんだけど、1辺が1㎝の正方形の面積を1㎠というんだから、1辺が5㎝の正方形の面積を5㎠っていうんだと思っていた」と言われ、驚いたことが何度もあります。

公式に当てはめて問題を解くだけではなく、上のようにして1㎠の5つの形をいろいろ考える活動をたくさん経験させておくことの大切さも、こうした子どもの存在を知るとよくわかると思います。

さて、魔方陣に戻りますよ。今度は条件をつけます。

1から9までの数を一つずつ入れて、縦横斜めの和が等しくなるようにつくってください。

	5	

真ん中に5を入れました。

どうぞ、お考えください。


悩んでいるとしたら、和は15です。


試してみると大人でも横が揃えば縦が揃わず、縦が揃えば斜めが揃わず、ということが起きます。

授業でも早く終わった子は自慢げにし、苦手な子はノートを隠します。

こういうときに、子どもたちに交流させて、何とか自分が見つけたことを相手にも伝えたい、という子にしたい。

できれば、全部言うのではなくて、友達にも成功・発見の喜びを味わわせてあげたい、という子にしたいですね。

そこで一か所だけ数字を入れて、少し難易度を落としてみます。

どこをヒントとして渡すかは、それぞれの子どもの状況を見て決めましょう。

たとえば、右上のように示してみましょうか。

5があって、4と6が入りました。

斜めを示すとわかる子が増えそうですね。

		6
	5	
4		

	1	
	5	
4		

もうちょっと難易度を上げたほうがいいと思えば、示すか所を「4」の一か所だけにするとか、わかりにくそうなら、左上のようにするとか、それは、目の前の子どもたちの状況に応じて対応してください。

1と4を示し、列の和が15とわかると、途端にできるはずです。

	1	
	5	
4	9	

たして
15だから、
ここは9

8	1	6
3	5	7
4	9	2

できた!!

そろそろできましたか？

いかがですか？　結構むずかしかったでしょう？

子どもたちに計算を楽しんでもらうために魔方陣を使っている先生方も多いと思います。

「子どもたちが、魔方陣もできないんです！」と嘆く方も多いのだけれど、いざ先生たちにやってもらうと、大人も苦労するはずです。それを味わってほしいのです。実は先生自身が、自分の力だけでやったことがないことも多いのです。

子どもに考えさせたいのなら、指導書などをすぐに見ないで、まずはもっと子どもと一緒に自分も考えることをしていただきたいな、と思います。

Q13 新しい教材を見つけるのは大変です！

A13 魔方陣だって、こんなに発展できます。

新しいものを探すのではなく、1年生の子どもたちが試行錯誤するのに使った魔方陣を、そのまま高学年で使ってみる方法もあります。

ちょうど分数の勉強が終わったと仮定して、分数で魔方陣をつくってみましょう。

分数のカードを9枚用意します。使うカードは$\frac{1}{2}$，$\frac{1}{3}$，$\frac{2}{3}$，$\frac{1}{4}$，$\frac{3}{4}$，$\frac{1}{6}$，$\frac{1}{12}$，$\frac{5}{12}$，$\frac{7}{12}$の9枚にします。自作のカードを使っていただけばいいのですが、今回は私が開発した「分数トランプ」を使って紹介してみます。

「わくわく算数忍者❸　分数ゲームカード編」（文溪堂）

左の写真のように「分数トランプ」には分数を表すビジュアル表現がついているから、イメージがもちやすいので、分数の苦手な子どもたちにも人気があります。

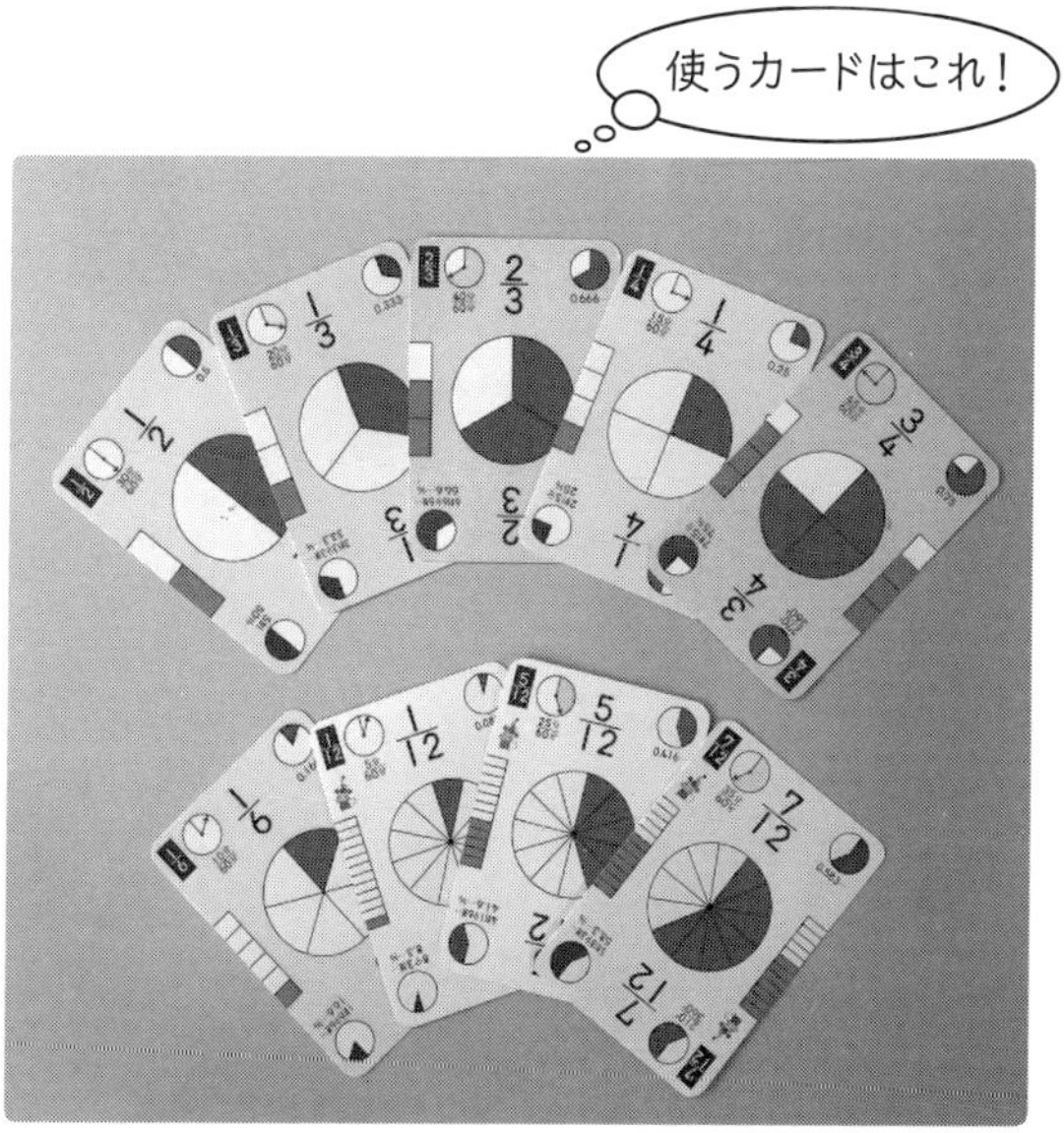

さて、使う分数をながめてみると何だかむずかしそうです。計算するのが大変だと感じたら、子どもたちは通分しようとするでしょう。

まず分母が2，3，6のカードを並べてみると、6にそろえることができることに気がつきます。

ここまでくると12にすることも見えてきます。

カードを入れ替えてみると…

こうして分母を12にしてみると、分子が1から9までそろいました。

こうすると要するに先ほど行った1年生向けの1～9の魔方陣としくみは同じことに気がつきます。

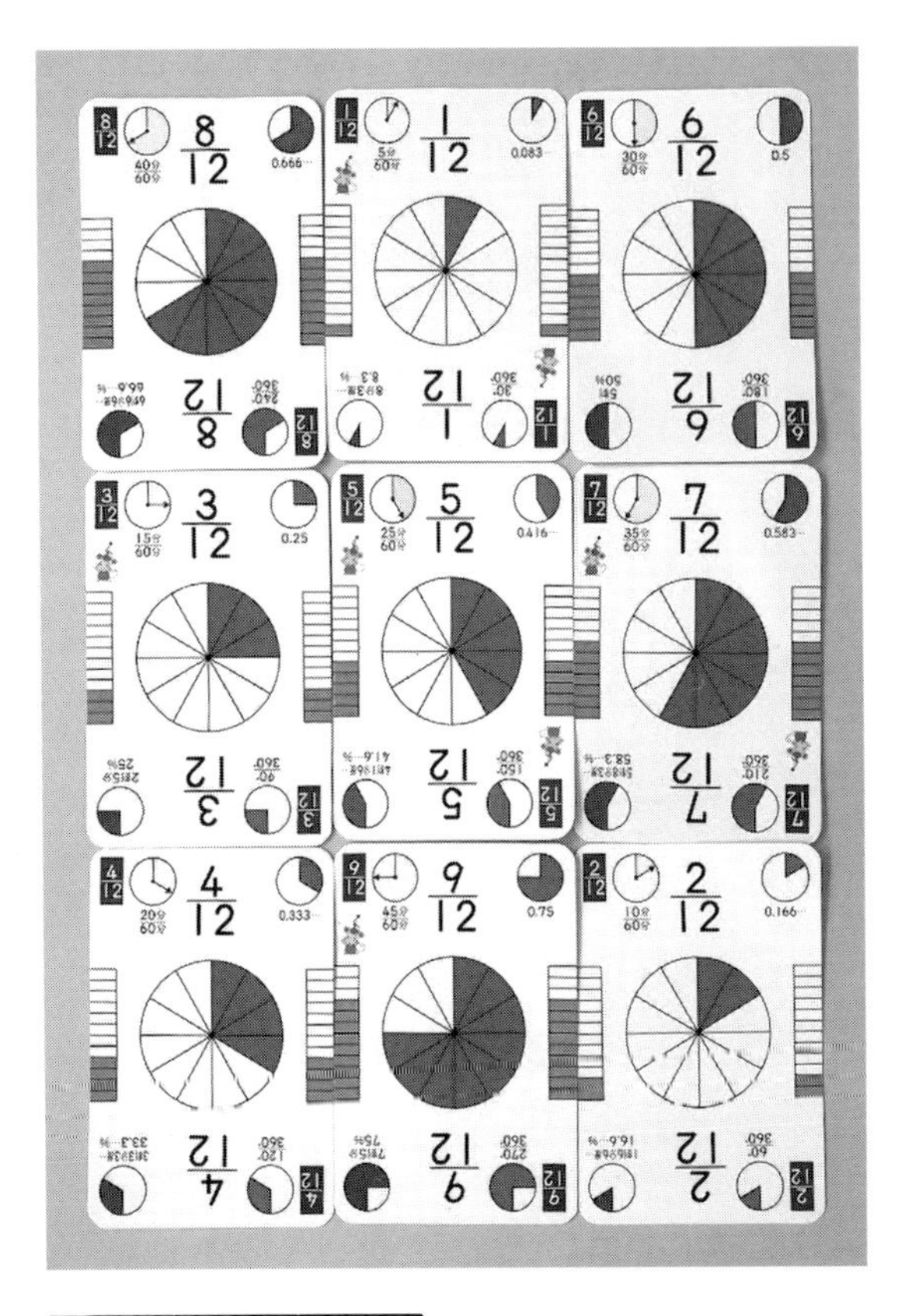

8	1	6
3	5	7
4	9	2

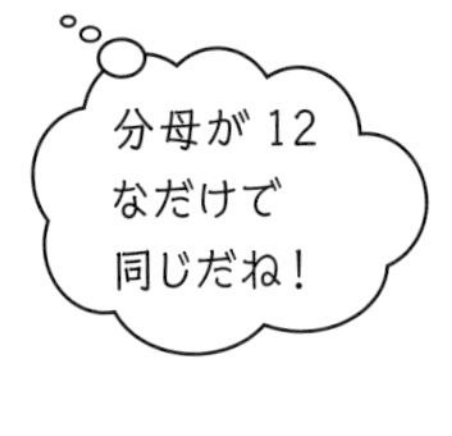

4年生のときには、同分母の12のカードだけでやれば楽しめます。

5年生になったら、最初に提示したように通分する良さを味わわせることを考えて分母の数が異なるものを混ぜるのです。

同じ魔方陣がこうしてつながっていきます。

計算プリントをたくさんやらせるという発想よりは、実は試行錯誤がたくさんあって、前の勉強とのつながりを活用するおもしろさがわかるかもしれません。

ある日の放課後、副校長室で、子どもたちと魔方陣で遊んでいたら、「縦横斜めをたして同じになるようなパズルがあるんだから、縦横斜めをかけて同じになるってできるの？」という子がいました。4年生の男の子です。

すると、ちょうど遊びに来ていた中学生が、4年生のこの子に「ヒントをあげる」といって、マス目に次の数字を書きました。

	2	
8		
		4

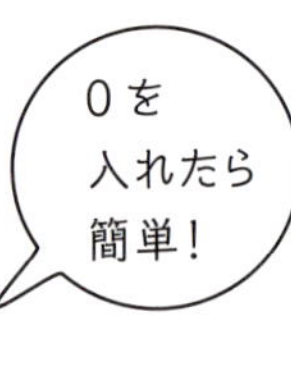

	2	0
8	0	
0		4

2と4と8を上のように入れて見せたわけです。

「えー、これで1から9まで入れるの？」と4年生。

「1から9まで入れるとは言っていません」と中学生。

そうしたら、そばで話を聞いていた6年生が

「1から9までじゃなくていいなら、すぐにできる」と言って0を入れたんですね。

0を入れたらあっという間にできますね。

「なるほど。頭良いね」

「でもそれじゃあ、つまらないね」

「だったら、1を使えば？」

1	2	1
8	2	2
1	2	4

1	2	1
8	1	1
1	1	4

そう言って、右上のように空いているところに1を入れてみると、

左の縦の列は1×8×1で8、

真ん中の縦の列は2×1×1で2、

右の縦の列は1×1×4で4になります。

「2を入れたらどうかな」

今度は左上のように2を入れて調整すると、

左の縦の列は1×8×1＝8

真ん中の縦の列は2×2×2＝8

右の縦の列は1×2×4＝8

縦が全部8で揃いました。

けれど、今度は横がズレてしまいます。

「また2が必要だ」と言って、2の数を数えはじめます。

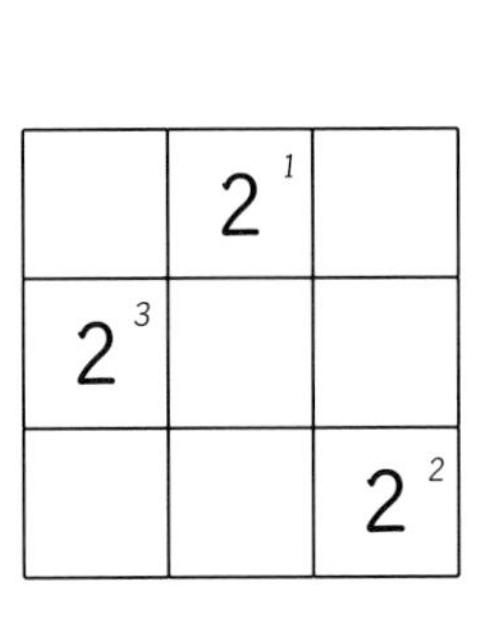

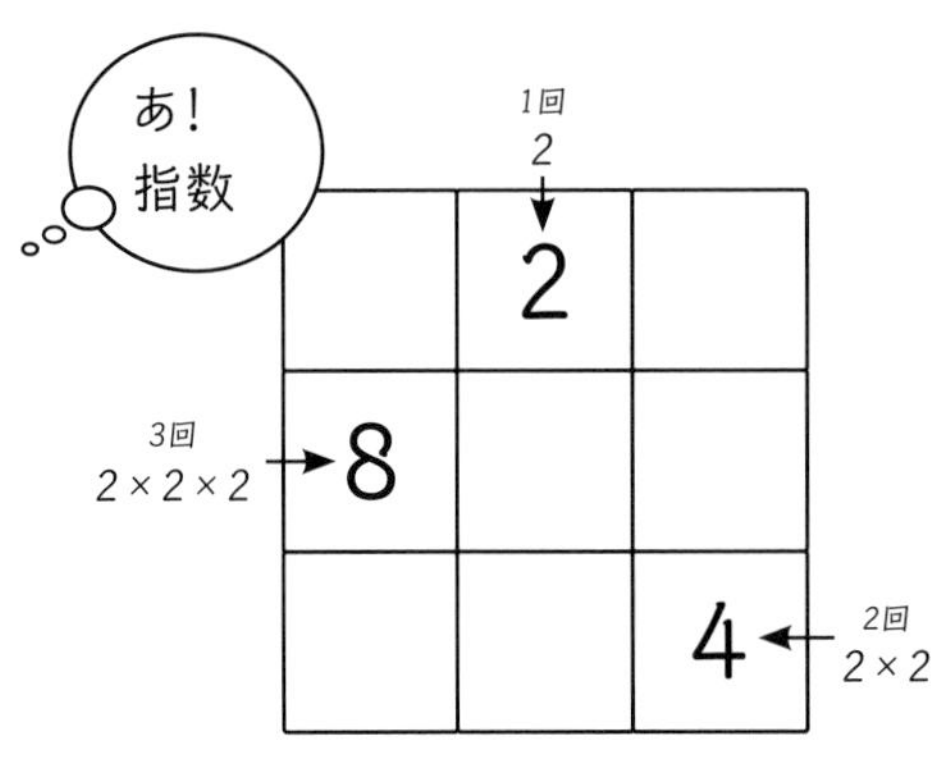

「2を何回かけたらいいのかな」とつぶやきながら、はじめに出された上のヒントに戻って、小学4年生と6年生のコンビが考えはじめました。

「2は2を1回かけた」
「4は2を2回かけた」
「8は2を3回かけた」とすると・・・。

いかがですか？　見えてきませんか？

これも実は1年生の魔方陣と全く同じでできますよね。指数の発想が出ればわかります。

もちろん、小学生はひたすら2をかけ算して、考えていくのですが・・・。

2^8	2^1	2^6
2^3	2^5	2^7
2^4	2^9	2^2

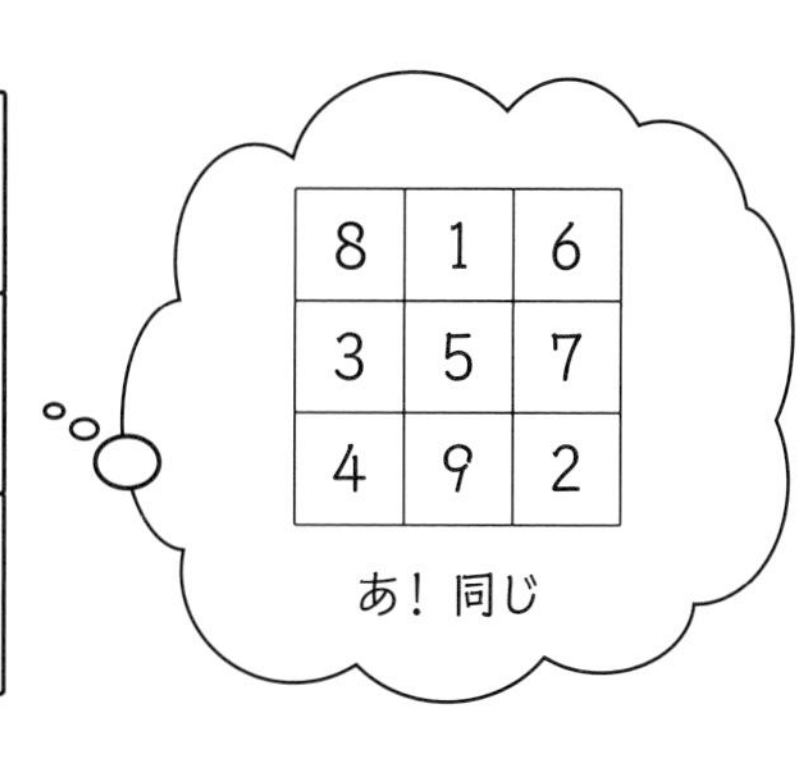

原点は1年生の魔方陣です。

魔方陣もこうして「じゃあ、習った分数でできるかな？」「習ったかけ算でできるかな？」と発展させていけば、充分楽しめる材料になります。

教師は教材を自分で探さないといけないと思っているけれど、原点のシンプルなものを、いまの学年の子どもに使えないかなと考え、アレンジする発想も大切です。

分数を習ったら分数、小数を習ったら小数を、子どもたちと一緒に楽しんでほしい。

活用する力を育てるには、いろいろな知識のつながりが見えてくる経験を、どのくらいできるかです。

副校長室に来た4年生、6年生と卒業した中1の会話から私も勉強させてもらったエピソードを紹介しました。

Q14 何と言っても割合が苦手。わかりやすく教えるにはどうしたらいいですか？

A14 割合を分数で答えてもよいとしてみます。

割合の指導に悩む先生方が多いです。

どうやって指導したらいいのかわからない。公式を教えても「比べられる量÷もとにする量」という公式の言葉の意味がわからない子どもがいます。

そもそも「比べられる量はどれ？」と尋ねられても困ると思いませんか？

だって出合う問題に出ている数は、実はどれも比べているのですから。

左の問題は、平成30年度の全国学力・学習状況調査　算数A問題の大問8です。

⑧ ある会場に子どもたちが集まりました。
集まった子どもたち 200 人のうち 80 人が小学生でした。
小学生の人数は、集まった子どもたちの人数の何%ですか。
下の1から4までの中から1つ選んで、その番号を書きましょう。

1 0.4%
2 2.5%
3 40%
4 80%

この問題の正答率は53.1%。なんと半数近くの子どもが、この問題を理解していないということです。

「200人のうち80人は小学生でした。」

もしも、これを「$\frac{80}{200}$」と分数で書いていいのだとしたら、子どもにとって割合は楽になると思いませんか。

分数はとても便利な数の表し方ですが、実は量と量の関係を表すという大切な役割ももっています。もともと日本の子どもは、分数に割合のイメージを強くもっていて量のイメージが乏しいと言われてきました。

でも、分数に対して割合の感覚をもっているのは、子どもだけではありません。

A 数と計算(2)　整数、小数の記数法

> (2)　整数及び小数の表し方に関わる数学的活動を通して、次の事項を身に付けることができるよう指導する。
> ア　次のような知識及び技能を身に付けること。
> (ア) ある数の10倍、100倍、1000倍、$\frac{1}{10}$、$\frac{1}{100}$などの大きさの数を、小数点の位置を移してつくること。

大人も、もっと言えば算数教育の専門家たちでさえも、分数に対しては割合の感覚のほうを先にもっているといってもよいでしょう。

たとえば、学習指導要領（平成29年告示　第5学年）には、上のような記載があります。

整数のほうは倍を用いているのに、分数のほうには倍をつけないで表記しています。

ここだけではなく、比例や反比例の記載のところにも同様に、整数の場合は倍をつけ、分数の場合はつけていません。

私は、これを悪いと言っているわけではありません。

小数圏の日本の子どもたち、そして大人も、分数に割合の感覚をもっているのなら、素直にその感覚を活用したらいいと思うのです。

公式などの形式に頼るのではなく、まずは自分のイメージに合う方法で、もっと気軽に考えてみることからはじめてみましょう。

10回シュートして3回入ったとすると、シュートの成功率は$\frac{3}{10}$とすぐに表せるのではないでしょうか。

24人のクラスで6人休んだときの欠席率は・・・と言われて$\frac{6}{24}$でいいと考えたら、苦手な子どもたちが笑顔を見せると思いませんか？

割合の問題には、こうした全体と部分の関係だけではないものも次の段階で学びますが、まずはその入門期には、いままで学んできた倍の勉強との関係、さらにはイメージそのままに分数で表現できることを、大いに活かして割合を身近なものにしていくことを提案しています。

歩合や百分率など5年生で学ぶ割合の新しい表現方法に変身させていく練習をするのは次の段階でいいと考えると、教師も指導すべき課題がはっきりするのではないでしょうか。

一度、分数の形に書いてみると、全体にあたる量が分母で、部分にあたる量が分子となるのでイメージにぴったりだと思います。

公式なんか覚えなくても、これを用いて商分数にしていく学習をつなげば、

$$\frac{b}{a}=b\div a$$

と式をつくることもできます。

今のところ、公式は使わなくてもできてしまうのです。

ともかくまずは、苦手だと思っていた割合に対して、気が楽になったらいいなと思うのです。

一度分数で表してから

たとえば
32人のクラスで4人が欠席
っていうときの欠席した人の割合は？
っていったら
$\frac{4}{32}$
欠席した人数
クラス全員の人数
って表せるし…
8

「わくわく算数忍者❼　割合修行編」より

もちろん、テストで割合を百分率や歩合で求めなさいと書いてあったら、分数の形ではダメなので、書き直す必要がありますが、それは洋服を着替えるのと同じです。

ちゃんと意味はわかっているのだから、あとは着替え方を練習すればいいだけだと考えてみましょう。

何が苦手で何が得意かをこうして整理できるということが、勉強をしていくときにはとても大切です。

整理してみると、もしかしたら、子どもが苦手なのは、この変身のしかただけだったのかもしれません。

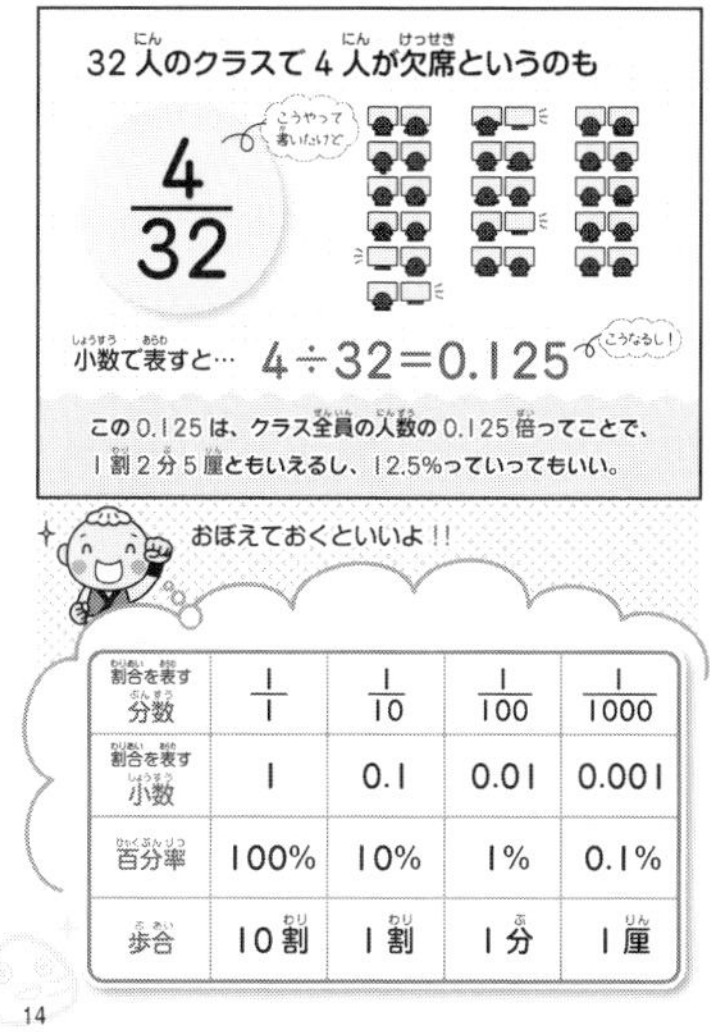

32人のクラスで4人が欠席というのも

こうやって書いたけど

$$\frac{4}{32}$$

小数で表すと… $4 \div 32 = 0.125$ こうなるし！

この0.125は、クラス全員の人数の0.125倍ってことで、1割2分5厘ともいえるし、12.5%っていってもいい。

おぼえておくといいよ!!

割合を表す分数	$\frac{1}{1}$	$\frac{1}{10}$	$\frac{1}{100}$	$\frac{1}{1000}$
割合を表す小数	1	0.1	0.01	0.001
百分率	100%	10%	1%	0.1%
歩合	10割	1割	1分	1厘

14

Q 15

割合の問題文を読みとれない子がいるのですが、どうしたらいいですか？

A 15

低学年で学んだ表現と結びつけてみます。

全体と部分の関係にあるときには分数に表すと簡単ですが、部分と部分の関係は分数に表しにくいのです。

実は教科書でも全体と部分、部分と部分が分けられていて、子どもたちがつまずくのは部分と部分のほうです。

そんな場合は、

「〜をもとにしたときの、〜の割合は？」と言っているのを、

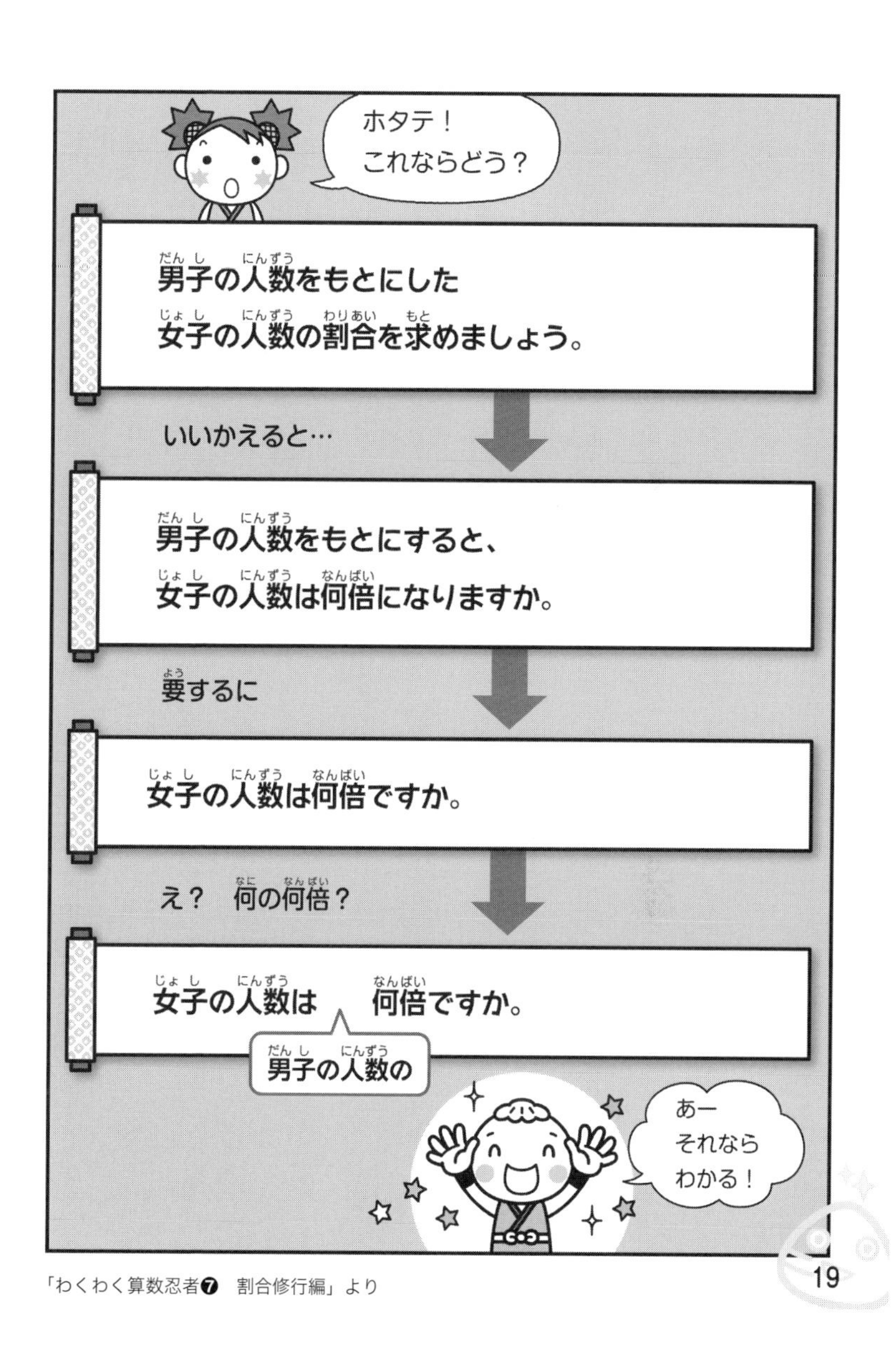

「わくわく算数忍者❼　割合修行編」より

「〜をもとにしたときに、〜は何倍になりますか？」と置き換えさせてみたらどうですか？

もちろん割合を単純に「倍」としていいかどうかは、専門家の間でも意見は分かれていますが、まずは低学年で学んだ表現と結びつけていくことが大切です。

部分と部分の関係を考えるときは、何を「もとにする量」と考えるかが、とても重要になります。

機械的に「『の』の前がもとにする量」なんて覚えてしまうと、実は表現によってそうではないときがあるから要注意です。まずは問題文に書かれた場面をイメージし

て、「何が何の何倍か」という関係をとらえていくことが大切です。

この「何倍か」という勉強は、2年生のかけ算、3年生のわり算で学んでいたことと同じです。

ですから、本当はむずかしい言葉ではないので問題場面を絵にしたり、わかりやすい言葉に置き換えたりして割合の問題にも強くなっていってほしいのです。

Q16 問題集で「〜の〜に対する割合」という表現を見たのですが、こういう表現は扱わなくていいんですか？

A16 これから先、出合うので、ほんとうは扱っておきたい表現です。

教科書では混乱がないように「〜の〜に対する」という書き方をあまり使わないようにしていますが、世の中のいろいろな問題文や実生活では「〜の〜に対する」という言い方はしますので、ゆとりがあればやらせてみましょう。

たとえば、次のような問題です。

クラスは36人です。そのうち、メガネをかけている人は9人います。メガネをかけている人のクラス全体に対する割合はどれだけでしょう。

「『〜に対する』って何だろう？」

「これって、『もとにした』がどこにもないよ」

「クラス全体に対する割合って何？」

「そもそも『対する』って何？」

　こういう問題が出ると、途端に思考が止まってしまう子もいます。まずは、「対する」が何を意味しているのかをおさえておきましょう。

「わくわく算数忍者❼割合修行編」（文溪堂）では、下のようにキャラクターのやり取りで、「～に対する」を説明しています。

「レディに対するその態度は何よ！」

と言わせることで、

「対する」というのは、その人と比べるということを感覚的につかませています。「～に対する」は、その対したものについて決めること。つまり、この問題でいえば、クラス全体と比べるということです。

クラスは36人です。そのうち、メガネをかけている人は9人います。
メガネをかけている人のクラス全体に対する割合はどれだけでしょう。
クラス全体をもとにしたときの、メガネをかけている人の割合は？
⇩
クラス全体をもとにすると、メガネをかけている人は何倍？
⇩
メガネをかけている人数は、クラス全体の人数の何倍？
⇩

「〜の〜に対する割合」の場合には、「〜をもとにしたときに〜は何倍でしょう」と変身させる前に、何と何を比べているのかを読み取らないといけません。

「わくわく算数忍者❼」で書いているように、ちょっとずつ言葉を変身させていくといいですね。

ちなみに円周率のところでは「円周の直径に対する割合」という表現もしている参考書などもありますから、ほんとうはこの表現方法もきちんと学ばせていくことが大切だと私は思っています。

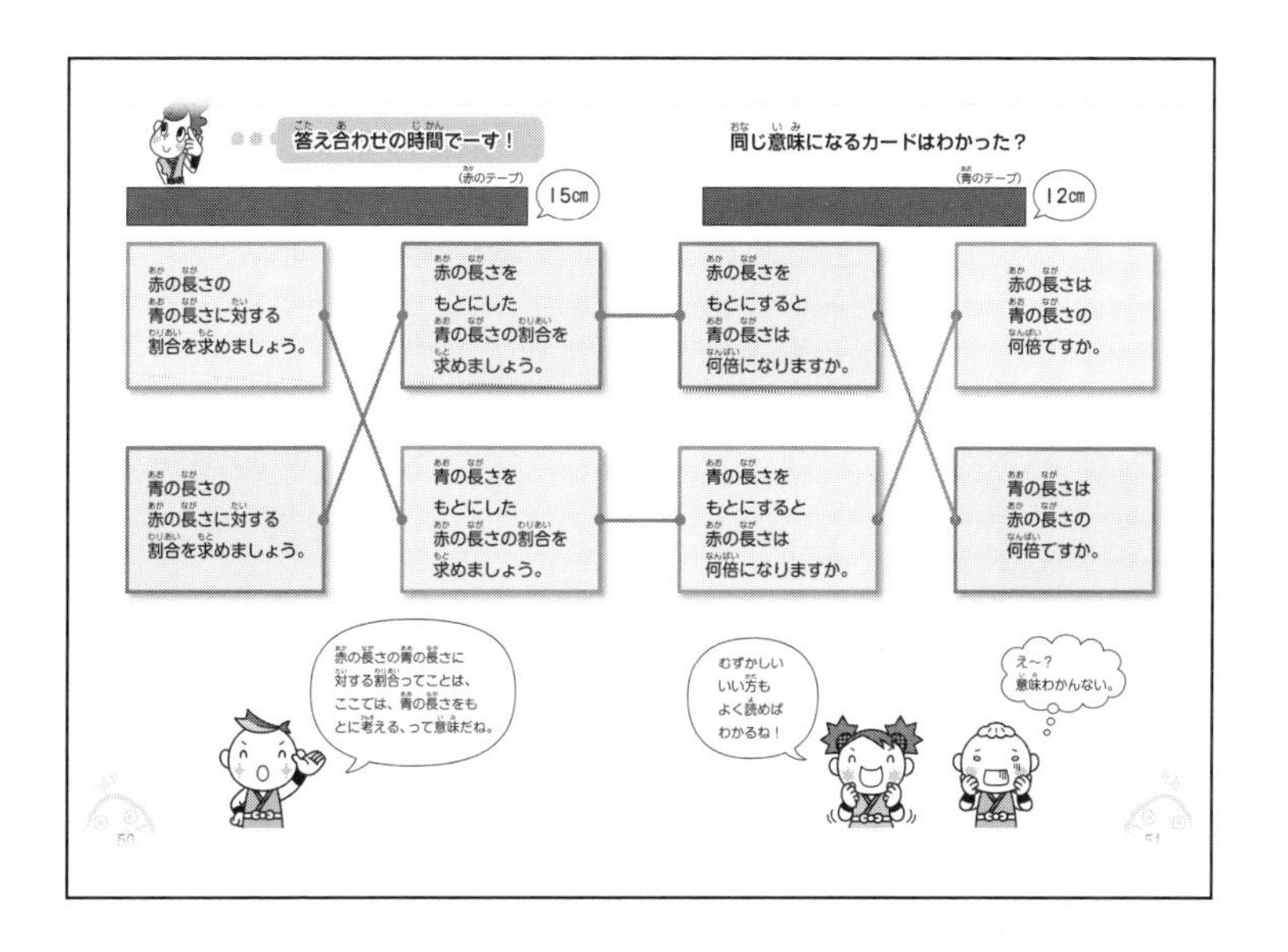

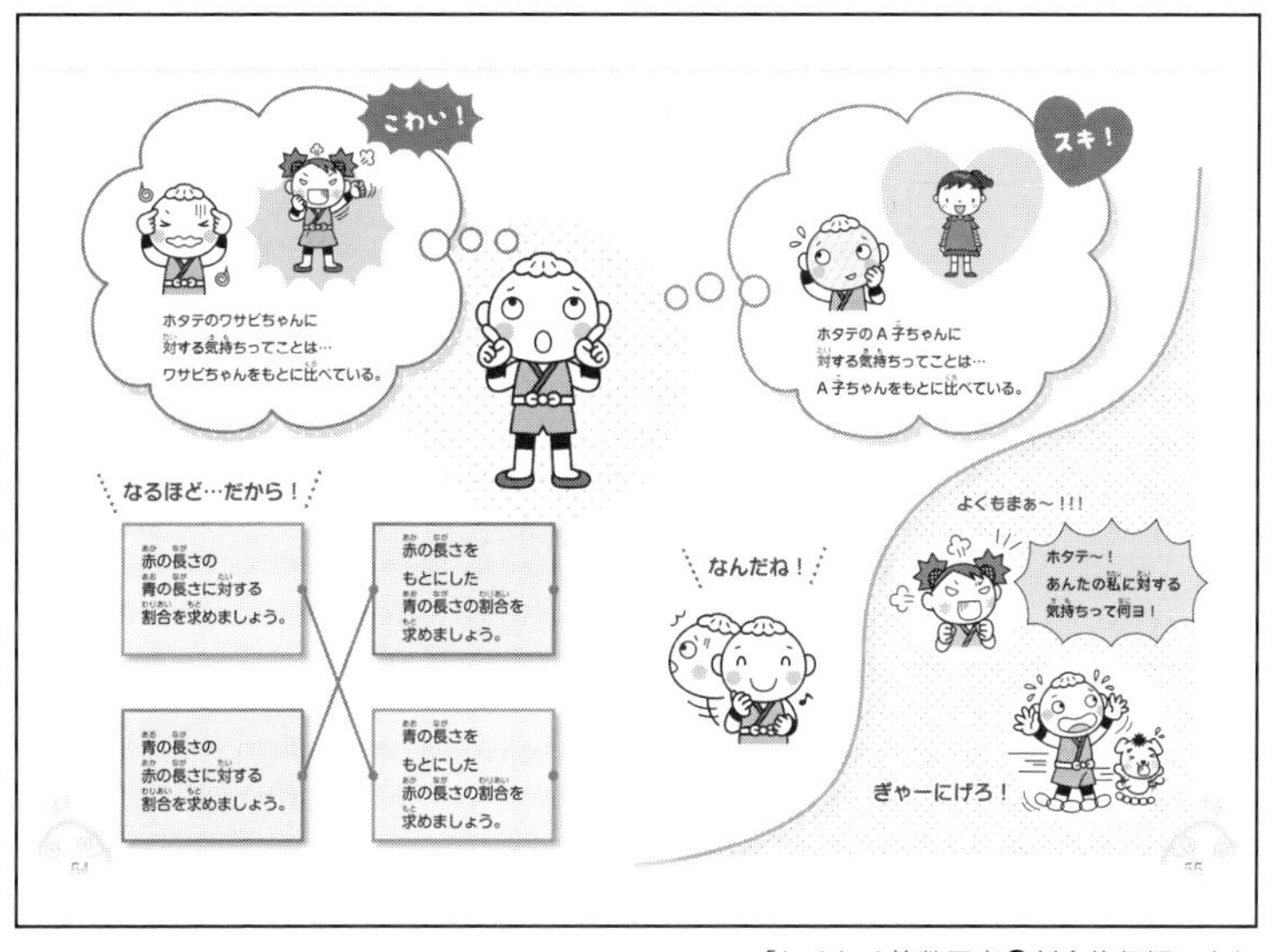

「わくわく算数忍者❼割合修行編」より

Q 17

子どもに計算練習をさせるときに田中先生が注意していることってありますか？

A 17

問題の難易度に心配りをします。

低学年では計算プリントを自作する先生も多いと思います。そのとき、1問目はやさしかったけれど、2問目はむずかしい、といったこともあります。

たとえば3年生のあまりのあるわり算で考えてみましょう。

上の問題、どちらが簡単だと思いますか？

19÷3は、三六18で、あまりを出すのは19―18だから、ひき算は簡単ですね。あまりのあるわり算で教えたいのは、いままで

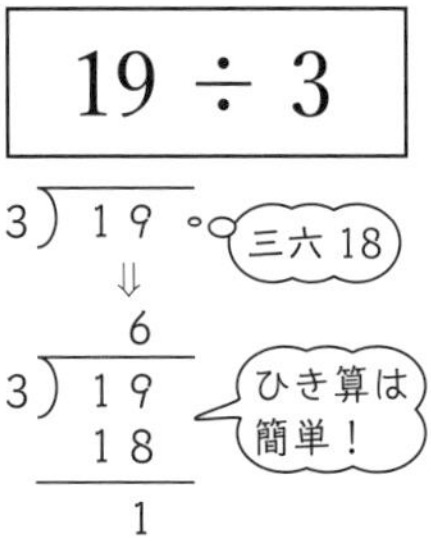

19 ÷ 3

$3\overline{)19}$ → 6
三六 18
ひき算は簡単！
18
1

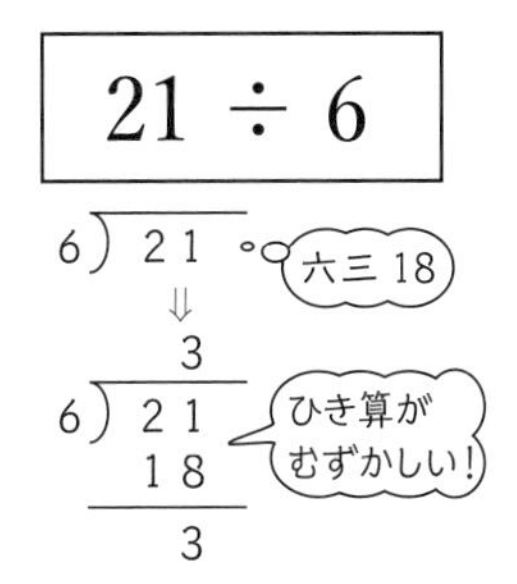

のわり算とちがって「あまりがある」ということですから、はじめはこのように、ひき算で苦労しないものを出すといいのです。

21÷6は、六三18で、ひき算は21－18となるから、あまりを出すのに、くり下がりがある。すると、やり方はわかっているのに、くり下がりで苦しんでいる子がいるかもしれません。

最初は、くり下がりのないものに全部そろえておきます。しばらくくり下がりのないものでやった後、くり下がりのあるものをやって、間違えるとしたら、その子は「僕は、あまりのあるわり算は理解している。でも、2年生のくり下がりの計算に困っているんだ」と区別ができます。

先ほどの「割合はわかっている。でも変身させるのが苦手」というのと一緒です。自分のわかり方の段階を知ること、何が苦手で何が得意かを整理できるようにさせたいですね。

もしかすると、わり算ができているかどうかを見たいのに、わり算以外で苦労させていたのかもしれませんよ。

問題A　20問

試しに大人もやってみてください。

① $3\overline{)17}$

② $4\overline{)21}$

③ $6\overline{)34}$

④ $5\overline{)37}$

⑤ $6\overline{)25}$

⑥ $7\overline{)29}$

⑦ $8\overline{)43}$

⑧ $2\overline{)17}$

⑨ $4\overline{)18}$

⑩ $3\overline{)25}$

⑪ $5\overline{)31}$

⑫ $9\overline{)46}$

⑬ $9\overline{)38}$

⑭ $7\overline{)39}$

⑮ $8\overline{)36}$

⑯ $3\overline{)14}$

⑰ $8\overline{)17}$

⑱ $6\overline{)28}$

⑲ $7\overline{)48}$

⑳ $8\overline{)66}$

問題Ｂ　20問

① 8)52

② 3)20

③ 4)31

④ 6)41

⑤ 9)30

⑥ 6)23

⑦ 7)20

⑧ 8)21

⑨ 3)11

⑩ 7)51

⑪ 6)40

⑫ 9)24

⑬ 9)50

⑭ 8)60

⑮ 6)53

⑯ 7)62

⑰ 6)22

⑱ 7)33

⑲ 8)70

⑳ 9)42

問題A　20問　ひき算にくり下がりがないもの

① $17 \div 3 = 5$ あまり 2（$3 \times 5 = 15$，$17 - 15 = 2$）

② $21 \div 4 = 5$ あまり 1（$4 \times 5 = 20$，$21 - 20 = 1$）

③ $34 \div 6 = 5$ あまり 4（$6 \times 5 = 30$，$34 - 30 = 4$）

④ $37 \div 5 = 7$ あまり 2（$5 \times 7 = 35$，$37 - 35 = 2$）

⑤ $25 \div 6 = 4$ あまり 1（$6 \times 4 = 24$，$25 - 24 = 1$）

⑥ $29 \div 7 = 4$ あまり 1（$7 \times 4 = 28$，$29 - 28 = 1$）

⑦ $43 \div 8 = 5$ あまり 3（$8 \times 5 = 40$，$43 - 40 = 3$）

⑧ $17 \div 2 = 8$ あまり 1（$2 \times 8 = 16$，$17 - 16 = 1$）

⑨ $18 \div 4 = 4$ あまり 2（$4 \times 4 = 16$，$18 - 16 = 2$）

⑩ $25 \div 3 = 8$ あまり 1（$3 \times 8 = 24$，$25 - 24 = 1$）

⑪ $31 \div 5 = 6$ あまり 1（$5 \times 6 = 30$，$31 - 30 = 1$）

⑫ $46 \div 9 = 5$ あまり 1（$9 \times 5 = 45$，$46 - 45 = 1$）

⑬ $38 \div 9 = 4$ あまり 2（$9 \times 4 = 36$，$38 - 36 = 2$）

⑭ $39 \div 7 = 5$ あまり 4（$7 \times 5 = 35$，$39 - 35 = 4$）

⑮ $36 \div 8 = 4$ あまり 4（$8 \times 4 = 32$，$36 - 32 = 4$）

⑯ $14 \div 3 = 4$ あまり 2（$3 \times 4 = 12$，$14 - 12 = 2$）

⑰ $17 \div 8 = 2$ あまり 1（$8 \times 2 = 16$，$17 - 16 = 1$）

⑱ $28 \div 6 = 4$ あまり 4（$6 \times 4 = 24$，$28 - 24 = 4$）

⑲ $48 \div 7 = 6$ あまり 6（$7 \times 6 = 42$，$48 - 42 = 6$）

⑳ $66 \div 8 = 8$ あまり 2（$8 \times 8 = 64$，$66 - 64 = 2$）

問題B　20問　ひき算にくり下がりがあるもの

①
$$\begin{array}{r} 6 \\ 8\overline{)52} \\ 48 \\ \hline 4 \end{array}$$

②
$$\begin{array}{r} 6 \\ 3\overline{)20} \\ 18 \\ \hline 2 \end{array}$$

③
$$\begin{array}{r} 7 \\ 4\overline{)31} \\ 28 \\ \hline 3 \end{array}$$

④
$$\begin{array}{r} 6 \\ 6\overline{)41} \\ 36 \\ \hline 5 \end{array}$$

⑤
$$\begin{array}{r} 3 \\ 9\overline{)30} \\ 27 \\ \hline 3 \end{array}$$

⑥
$$\begin{array}{r} 3 \\ 6\overline{)23} \\ 18 \\ \hline 5 \end{array}$$

⑦
$$\begin{array}{r} 2 \\ 7\overline{)20} \\ 14 \\ \hline 6 \end{array}$$

⑧
$$\begin{array}{r} 2 \\ 8\overline{)21} \\ 16 \\ \hline 5 \end{array}$$

⑨
$$\begin{array}{r} 3 \\ 3\overline{)11} \\ 9 \\ \hline 2 \end{array}$$

⑩
$$\begin{array}{r} 7 \\ 7\overline{)51} \\ 49 \\ \hline 2 \end{array}$$

⑪
$$\begin{array}{r} 6 \\ 6\overline{)40} \\ 36 \\ \hline 4 \end{array}$$

⑫
$$\begin{array}{r} 2 \\ 9\overline{)24} \\ 18 \\ \hline 6 \end{array}$$

⑬
$$\begin{array}{r} 5 \\ 9\overline{)50} \\ 45 \\ \hline 5 \end{array}$$

⑭
$$\begin{array}{r} 7 \\ 8\overline{)60} \\ 56 \\ \hline 4 \end{array}$$

⑮
$$\begin{array}{r} 8 \\ 6\overline{)53} \\ 48 \\ \hline 5 \end{array}$$

⑯
$$\begin{array}{r} 8 \\ 7\overline{)62} \\ 56 \\ \hline 6 \end{array}$$

⑰
$$\begin{array}{r} 3 \\ 6\overline{)22} \\ 18 \\ \hline 4 \end{array}$$

⑱
$$\begin{array}{r} 4 \\ 7\overline{)33} \\ 28 \\ \hline 5 \end{array}$$

⑲
$$\begin{array}{r} 8 \\ 8\overline{)70} \\ 64 \\ \hline 6 \end{array}$$

⑳
$$\begin{array}{r} 4 \\ 9\overline{)42} \\ 36 \\ \hline 6 \end{array}$$

Q18 2けたのかけ算に入ります。九九ができない子にどう対応したらいいですか？

A18 一の段を使う問題からはじめます。

2けたのかけ算は、当然九九が必要です。だから、2けたのかけ算に入る前に、苦手な子にだけ九九の勉強に戻してしまうこともあります。

でも、苦手な子の立場に立って考えてみると、みんなが2けたの計算をやっているのに、自分だけ九九の勉強をさせられるのはプライドが許さないと思いませんか。

2けたの計算の筆算の形式を教えるのが目的の場合は、なにも九九で苦しめる必要はありません。私は九九が苦手な子がいたら、一の段が使えるように×11の問題を出します。これなら九九につまずいている子でも簡単にできます。

はじめはくり上がりなし

×11

```
   42      34      23
 ×11     ×11     ×11
 ----    ----    ----
   42      34      23
  42      34      23
 ----    ----    ----
  462     374     253
```

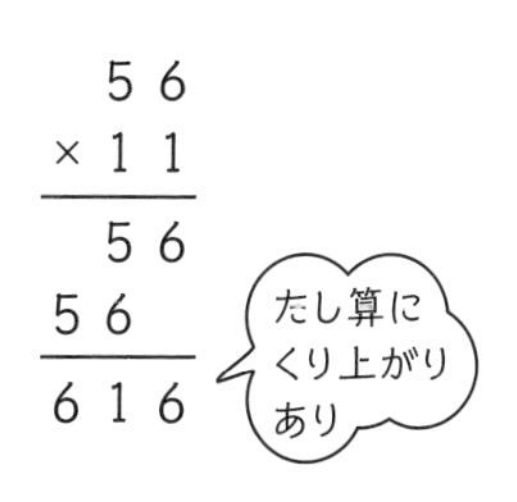

このとき、まずはたし算にくり上がりがないものにします。あまりのあるわり算で、最初はひき算にくり下がりがないものでそろえると言ったのと同じ理由です。

その次に、同じ×11だけれど、たし算にくり上がりがあるものを練習します。その次に、今度はかけ算のほうに1回くり上がりがあるような計算をやってみます。でも、九九自体は×1しかないので簡単です。

たし算やひき算のプリントの場合には、くり上がりがないもの、くり下がりがないものと先生方も意識してきましたよね。ところが、計算が先に進むと、案外意識が薄らいできてしまうものです。

子どもの困っているところを意識してプリントの問題もつくってあげると、子どもにとって成就感のあるプリントができますよ。

Q19 わり算の筆算の手順を覚えられない子がいます。

A19 「わり算リレー」で遊びながら練習してみましょう。

わり算の筆算形式をなかなか覚えられない子がいるときには、4人でグループをつくり、1枚の紙を4人でぐるぐる回しながら、ゲーム感覚で一つの計算に取り組ませてみましょう。

①1番目の子は問題の筆算を書いて次の子に回す。
②2番目の子は「立てる」をやって、次の子に回す。
③3番目の子は「かける」をやって、次の子に回す。
④4番目の子は「ひく」をやって、次の子に回す。
⑤1番目の子に返って、「おろす」をやって、次の子に回す。

⑥次の子がもう一度「立てる」をやる。
これをくり返して、全員が出したすべての問題ができたら終わり。

1番目から4番目まで順に回せば、「立てる」「かける」「ひく」「おろす」の役割が少しずれていくので、遊びながら筆算のシステムを覚えます。

4年生で習う3けた÷2けたの計算を例にしましょう。
たとえば、①番目の子が「638÷24」と書いて渡す。
←②番目の子は「2」を立てる。
←③番目の子は「24×2」を計算して
←④番目の子は「63−48」を計算して
←①番目の子に返って、「8」をおろす……
といった具合です。

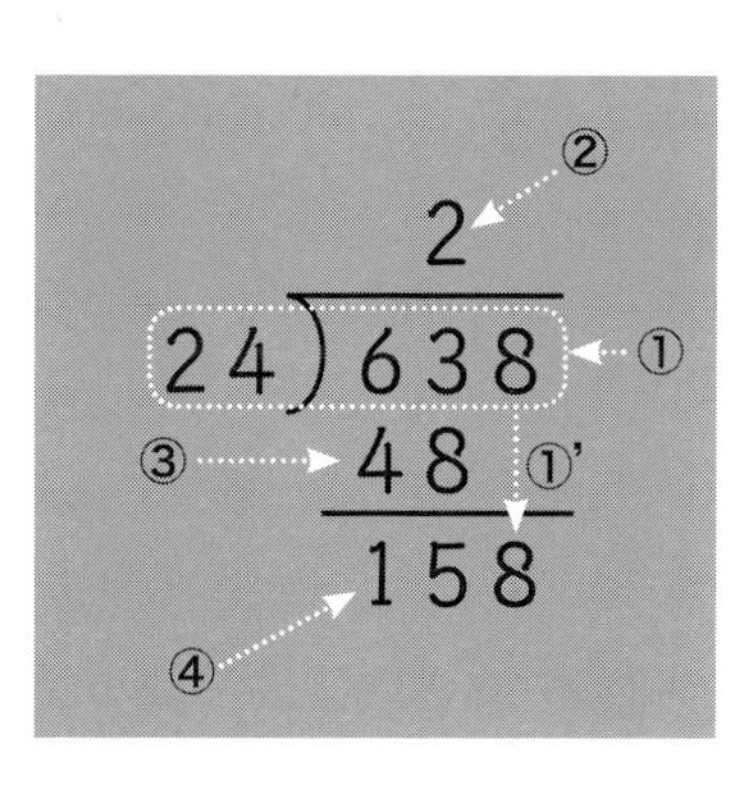

こうすると、計算が苦手な子も参加できるシステムができます。チームをつくって練習させると子どもたちも楽しんで取り組みますし、簡単に練習量も増やせます。

Q20 わり算の筆算をするときに見当付け(立てる)がなかなかできずに困ります。

A20 少なめに立てさせてみましょう。

「立てる」のところで苦労する子がいる場合は、少なめに見積もることを許します。

たとえば、453÷27を計算するときに、「10なら入るかな?」と言って次に回す。

すると、270になって、次に行く。

「183の中に27は5回とれるかな」というように、少しずつ正解に近づいていってもいいことにする

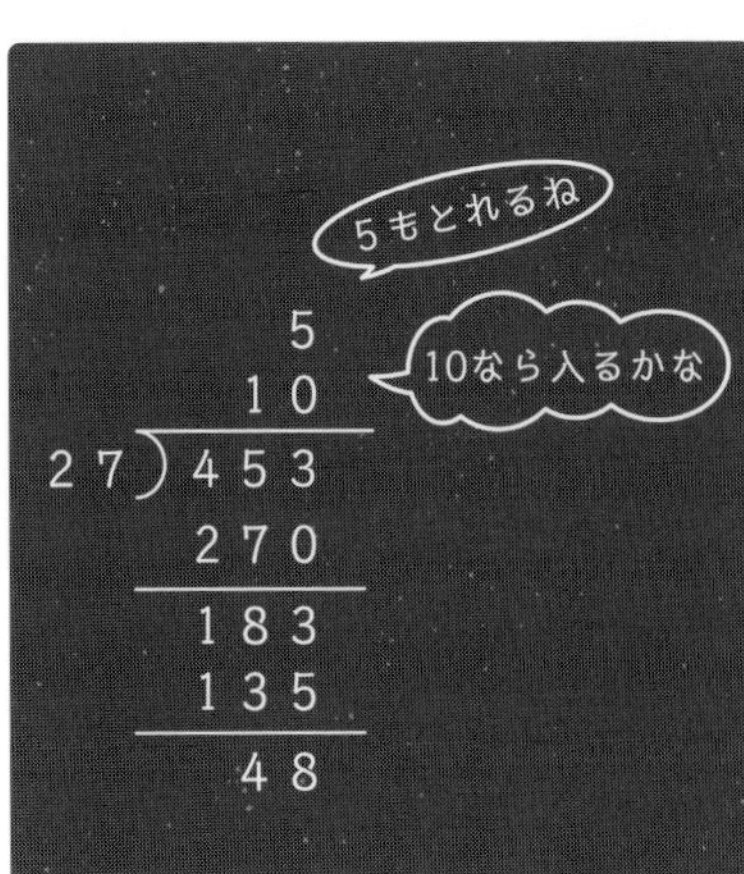

のです。

実際、外国の子どもには、こうして計算している子もいるそうです。

たとえば785÷32という計算を下のように計算する子もいました。とりあえず立てやすい数字を立てて、試行錯誤しながら答えにたどり着くのです。

たとえば、先ほどの453÷27でも、まず10を立てて、次に5を立てて、48残るところでもう1回とれるでしょう？

こんなふうに、見積もりを立てる子は「ちょっと少なめでも許される」という約束にしてあげると、そのときの順番に来た子が恥をかかなくて済みます。

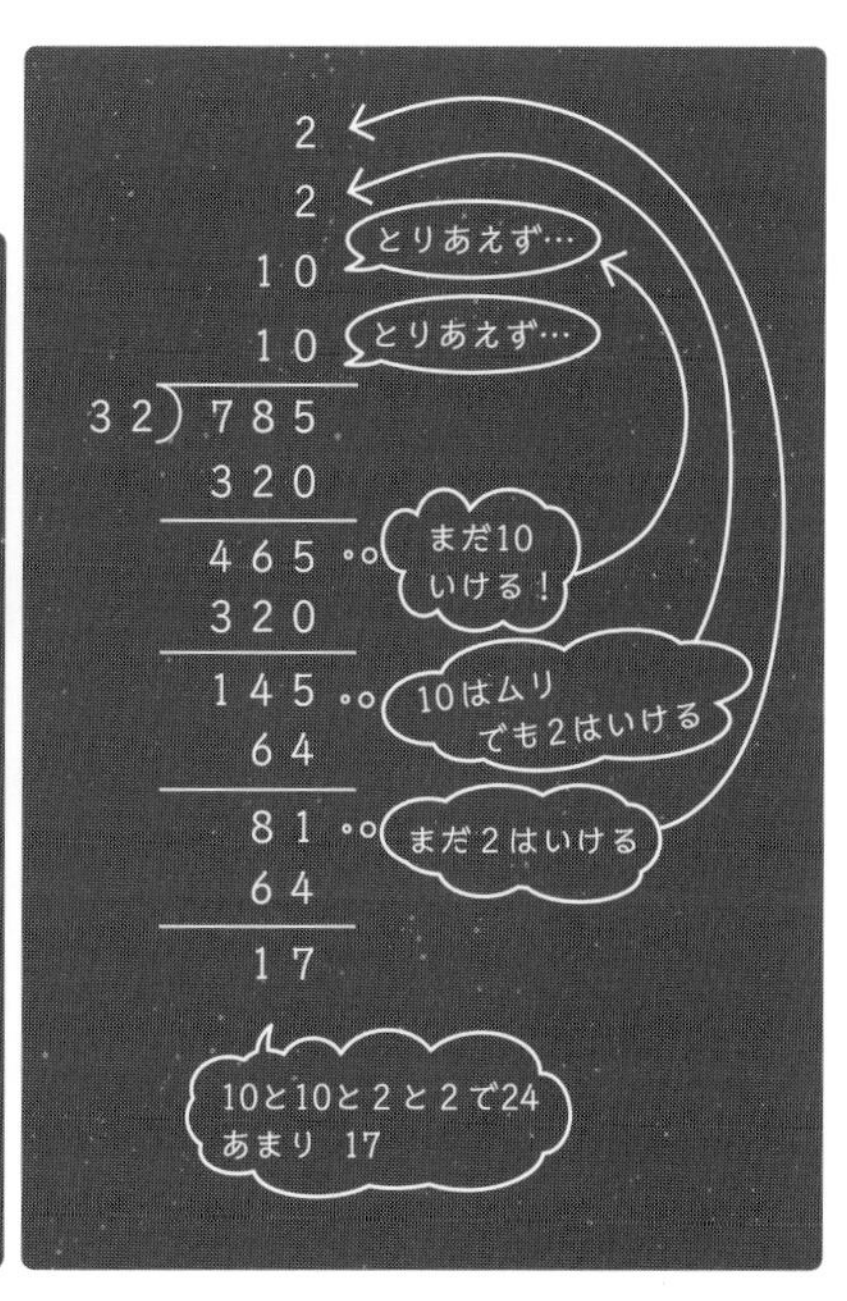

少なく見積もってOK !!

10と5と1で16 あまり 21

Q21 計算練習にすぐにあきてしまいます。

A21 パズルの要素を取り入れてみましょう。

計算練習にすぐにあきてしまって、なかなか練習量が増えないというときには、さきほどのわり算リレーにパズルの要素を取り入れてみます。

たとえば、425÷36という問題をつくったとします。

これを4人グループで回しながら計算すると、11あまり29と答えがでました。

ここで、問題のところに使われた数字と答え、さらにあまりの数字に○印をつけていきます。

ただし、同じ数字が登場している場合は、その中の1つだけに○をつけることにします。
この計算だと、1，2，3，4，5，6，9の7つに○がつくので、これは7ポイントということにします。 
「3けた÷2けた」の場合、答えが2けた、あまりが2けたになるときがあるから、全部で9つの数字が使われるときがつくれます。
つまり、最高は9ポイントになるわけです。 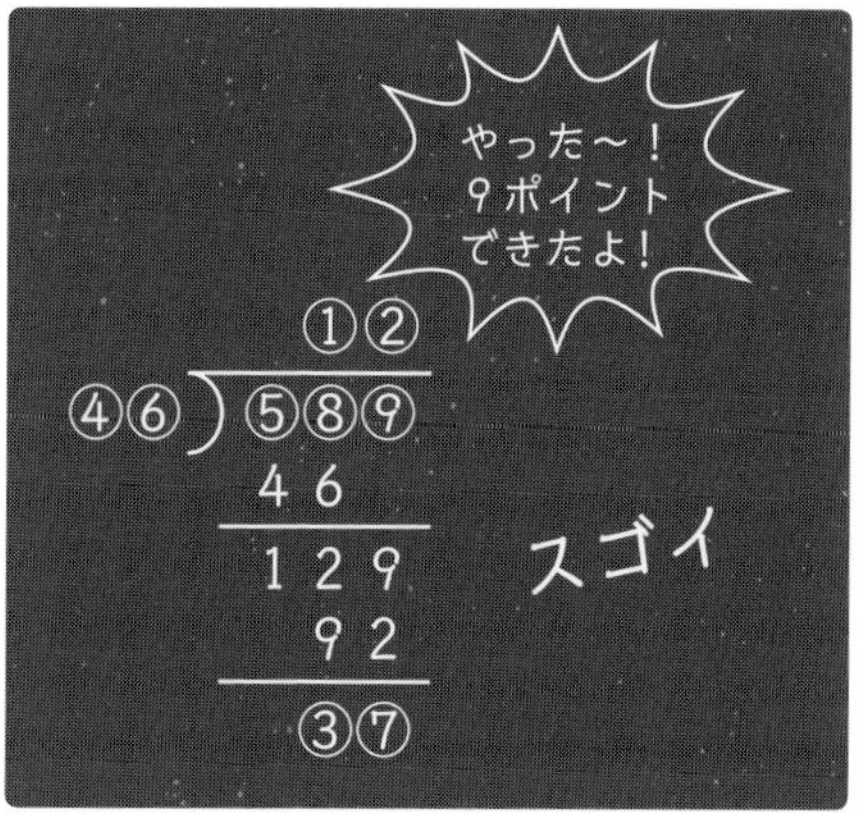
「もしも、1から9までがそろったら、かなりラッキーな計算問題と言えないかな」と子どもにもちかけてみます。
すると、子どもたちは盛んに問題をつくり、楽しみながら計算し合う時間がもてますよ。

Q22 3×5＋4×5＝（3＋4）×5が理解できず、（3＋4）×（5＋5）としてしまいます。

A22 一度図にしてみましょう。

子どもたちは「前をたしたら、どうして後ろをたさないのか」が理解できません。中学生でもa×b＋c×b＝（a＋c）×bと習うときに、（a＋c）×（b＋b）としてしまう子がいます。

こういう場合は、子どもたちに一度「式を図にしてみる」ということをさせてみましょう。

3×5は、縦3、横5の長方形に表せます。すると、4×5も、縦4、横5の長方形に表せますね。

かけ算を見たら面積が思い浮かぶようにすると、合体したときに、横の長さは2つたさないことが納得できます。子どもがイメージをもって、この式の意味がわかるようになります。

実はこんなことは、2年生の九九のときのアレイ図を使うときにも話題にできていたはずです。

九九をアレイ図で考えるということは、実は単なる遊びではなくて、こういうことに活用できるイメージ力を育てるという大切な役割があったのです。

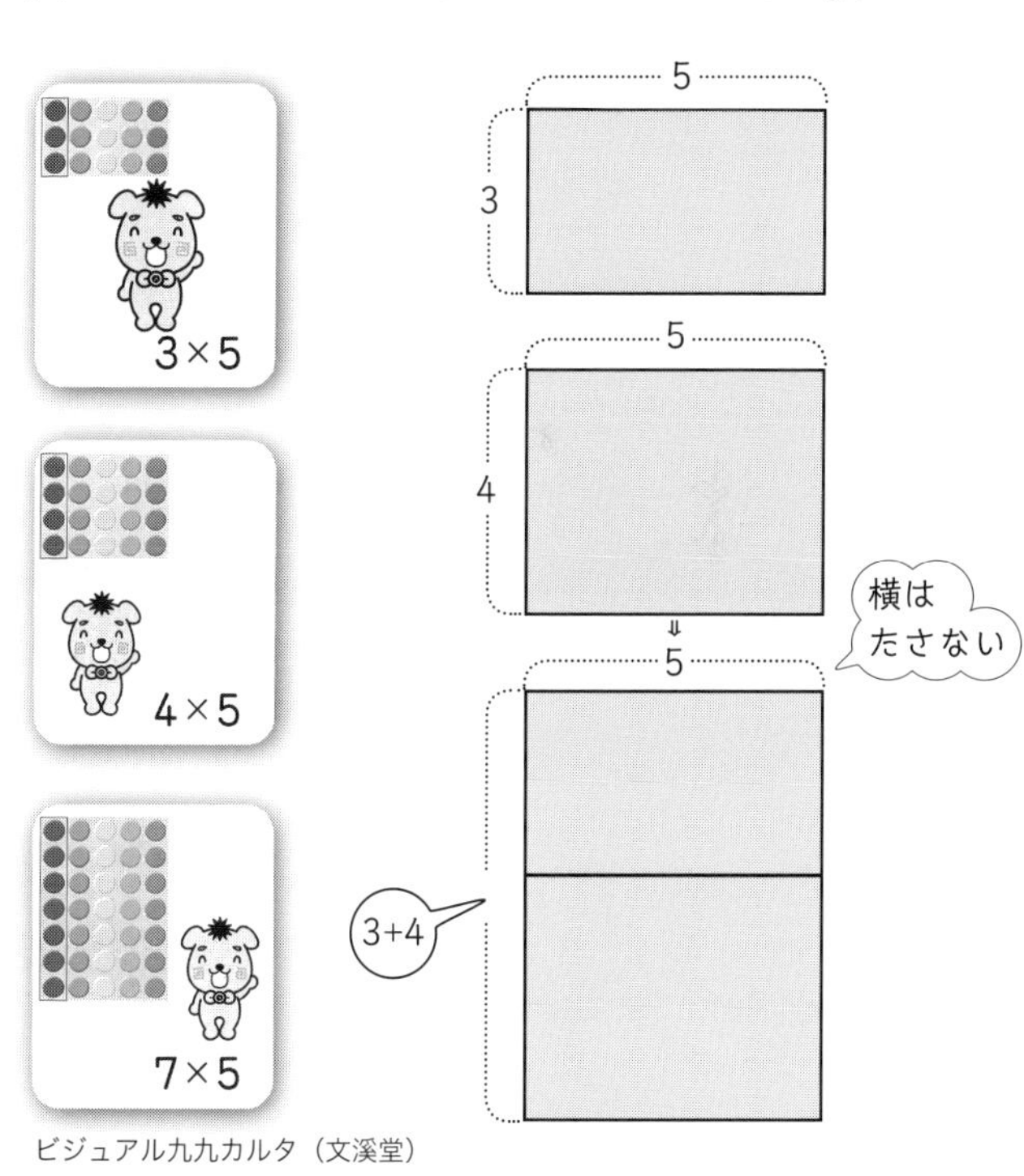

ビジュアル九九カルタ（文溪堂）

Q23 概数の教え方に悩んでいます。

A23 数字の選び方がポイントです。

概数の教え方に苦労されている先生も多いですね。概数の学習では数字の選び方がポイントです。切り上げを教えたかったら、たとえば「287円、396円、487円のものを買いたい。いくら持っていけばいい？」と尋ねれば、子どもたちは素直に切り上げて考えるでしょう。

大切なのは、目的意識をもつことです。切り上げを教える目的は「正確に計算しないで、ちょっと多めにみて考えるやり方があるんですよ」ということを教えることですよね。

まず、切り上げを教えておき、次の日には、

「215円、308円、416円のものを買うのに、少なくともいくらかかるかな？」と尋ねれば、今度は自然に切り下げをするでしょう。

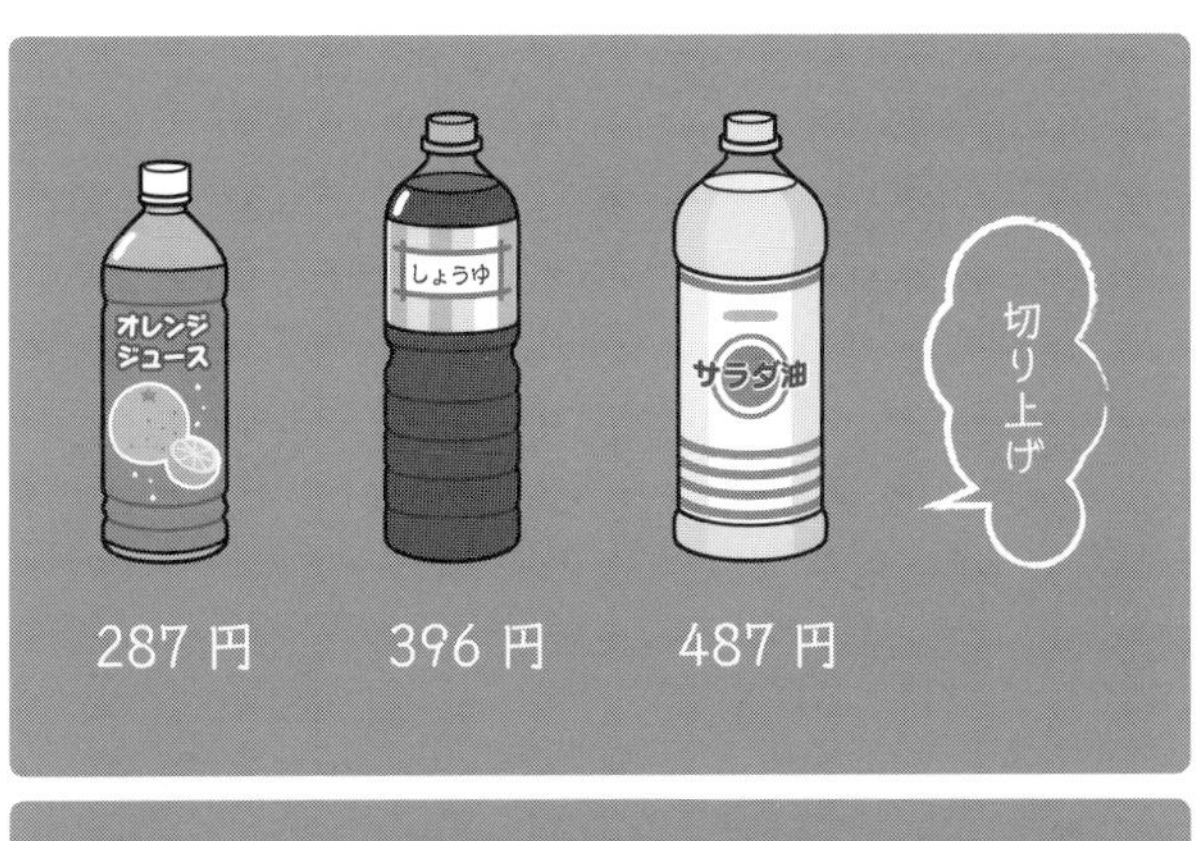

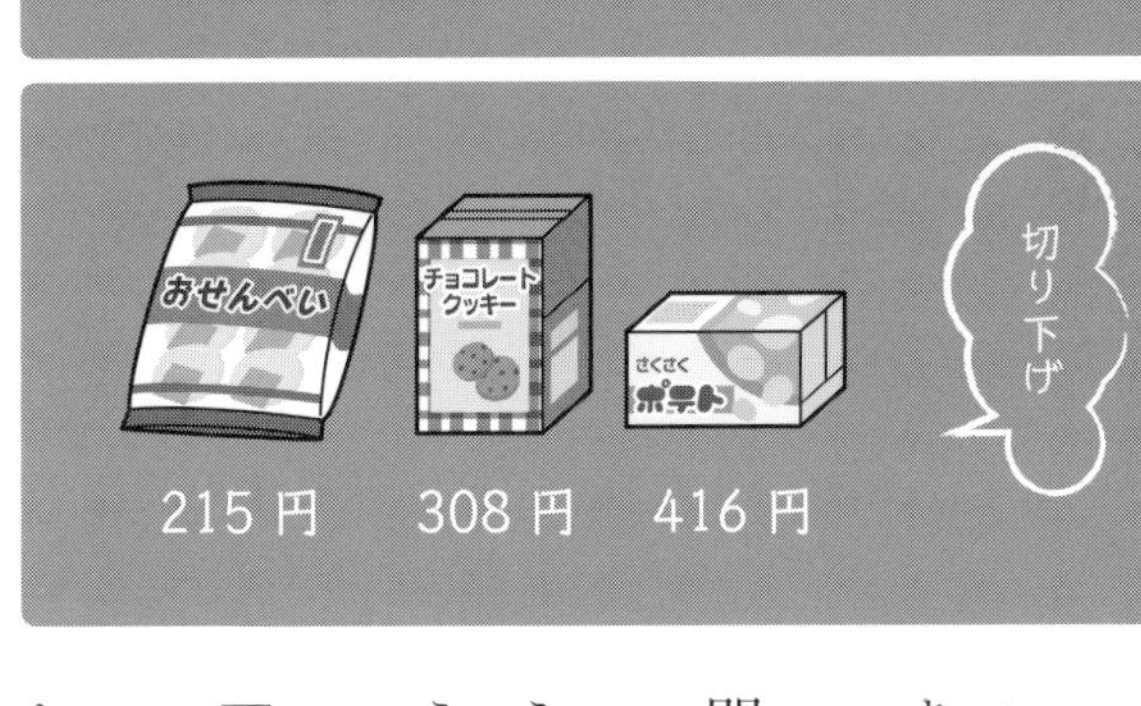

初期の頃は、切り上げをさせたいときと、切り下げをさせたいときの数字を変えればいいのです。

「少なくともいくらかかる？」と聞かれたら、

「ああ、物事には下にそろえたほうがいいときもあるんだな」ということを学びます。

「いくら持っていけば大丈夫？」

「少なくともいくらかかる？」という２つの尋ね方を明確に行うことが大切です。それなのに、

「287円、396円、487円のものを買いたい。少なくともいくらかかるかな?」と聞いてしまうから、子どもは不自然だと思い、混乱するんです。

概数の勉強のときに、シルエットを描いて、

「この人が『この学校の人数は何人?』と尋ねているよ、何と答える?」と聞いてみました。

すると、子どもが、

「そもそもこのシルエットの人は誰なの?」と質問してきました。とてもいい質問だと思いました。それが誰かによって目的がちがうことを話題にできるからです。

だから私は、

「誰だと思う?　そもそも学校の人数を聞きたくなる人って誰だろうね?」と尋ね返しました。子どもは、

「街の人が自分の子どもを通わせたいと思って、どれくらいの人数がいるか聞きたいのかな?」

「給食室に材料を入れる人が、数を確かめたくて聞いているのかな?」と考えていました。

確かに、880人の学校だったとして、街の人に「1000人くらい」と答えても問題はありませんが、給食のプリンを入れる人に「1000人くらい」と答えたら大変なことになりますからね。

こうして相手の目的に合わせて「近い数字を言ったほうがいいとき」「多めに言ったほうがいいとき」を考えることができました。

もしも、812人のときに、プリンの納入者に「800人」と答えたらたりない……こんなことを考えさせることで、物事には多めに言うとき、少なめに言うときがあるんだよ、という感覚がつかめればいいわけです。

目的を学んだら、あとは処理のしかたをきちんと教えます。

「実は四捨五入というのがあってね」と。

「教えるべきこと」と「考えさせなくてはいけないこと」を区別して子どもと向き合いましょう。

Q24 大きな数の勉強が単調になってしまいます。何かアイデアはありませんか？

A24 数字カードを使ってゲームをしてみましょう。

ゲームは単純でいいんです。思いつかないときは数字カードを使ってみましょう。たとえば、大きな数の学習のとき、億までの数の学習で、大きな数を読んだり、数を比べたりしますね。

このとき、0から9の数字を書いたカードをつくって、シャッフルして裏にして並べ変え、だれがいちばん大きい数をつくれるか？　という遊びをしてみます。

まずは、黒板でやってみます。裏にして並べ替え、さていちばん上の位から開けようとすると、子どもから

「ちょっと待って！　それじゃつまらない！」

「いちばん上のカードを開けたら、すぐにわかっちゃう！」「ドキドキしたいから一の位から開けて！」という声が出ました。ゲームを楽しもうとするこんな子どもたちの言葉にちゃんと意味があります。

数の大小を比べるときは、上の位から見ればいいということは、実は無意識にやっているんです。「数を比べるときは大きい位から比べます」と教科書にも書いてある。

でも、文章として読んでも実感はできていない子どもも多いのです。

同じ数字が、上の位にあると大きくて、下の位になると小さいという感覚は、字面だけではつかみにくい。

でも、ゲームをすると、9が小さい位で出てしまうと残念だと思うし、上の位で出るとうれしくて喜びます。数のしくみを、実感をもってつかめるのです。

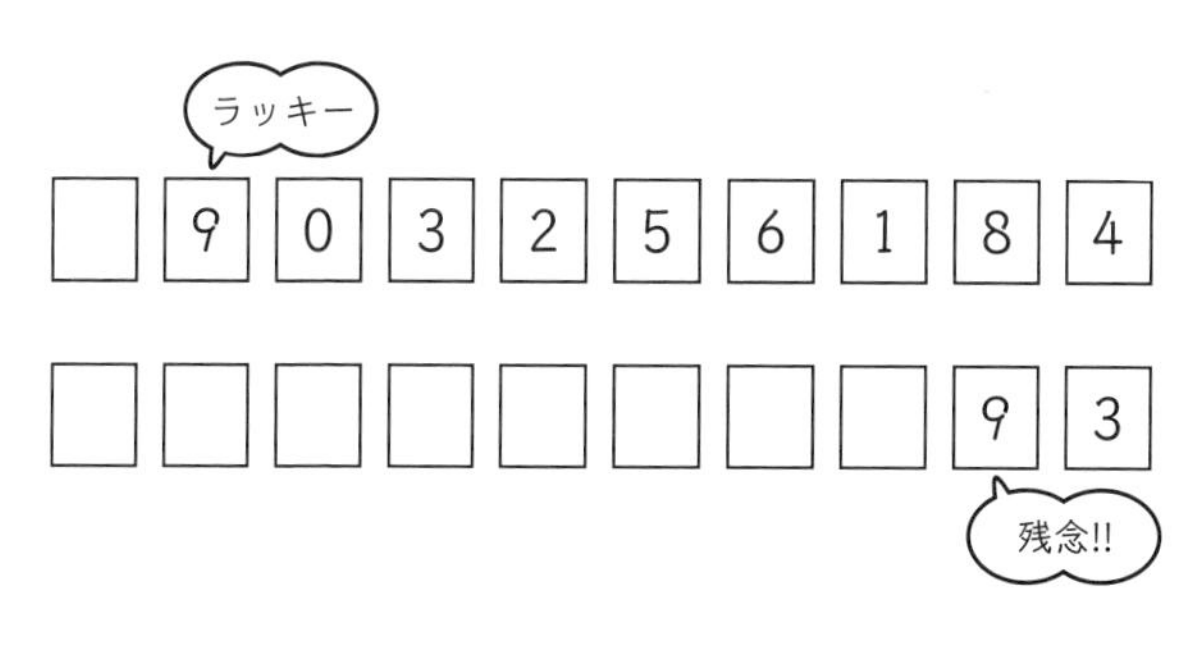

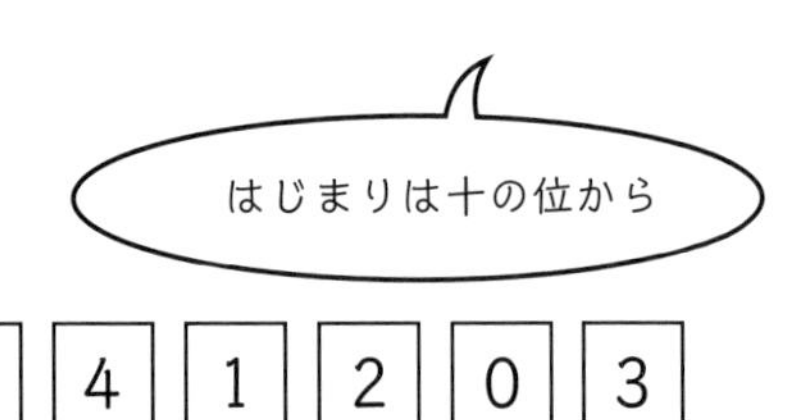

8 5 9 7 6 4 1 2 0 3

えーと…

裏返していた数字カードをオープンしてグループで何度か遊びます。すると、負けた子は悔しいから、

「勝った人は、数をちゃんと読めないとダメなことにしよう」と言いだして、数を読む練習がはじまりました。

そのうち

「今度ははじまりの位をずらしても読めないとダメなことにしよう」などと高度なことを言い出します。

何度かくり返すうちに、だんだんゲームが成長していきます。

普通は一の位から数えて数字を読みますよね。

たとえば　8597641203を普通に読んだら「八十五億九千七百六十四万千二百三」ですが、これを「十の位からスタート」と言われると、「八百五十九億七千六百四十一万二千三十」と読まなければ勝ちにならない、というルールです。

つまり単位を「十」とすること。

単位を変えられると、読むのがむずかしくなるわけです。カードをオープンして負けた子が

「はじまりは十の位からね！」

「百の位からスタートして読んで！」というようにリクエストし、正しく読めてクリアしたら勝ち、というルールは子どもたちが考えました。

このような表記は、実は生活の中にもあります。２１５８（千円）というようにです。

何度も同じ子が勝って悔しい思いをしているグループから生まれたルールですが、隣のグループもまねしはじめ、クラス中に広まりました。

こうしてゲームをさせながら、教室を回ると、いろいろな姿が見られます。

はじまりをずらすように言われると、子どもたちは指で4つずつ位を押さえながら読むという工夫をするようにもなります。

ところが、十の位、百の位、千の位を指定されるとむずかしいけれど、「はじまりは万の位」とすると、4つずらすだけなので、実は簡単なんです。困らせようと思ってリクエストしたのに、実ははじまりが万の位のときは苦労はいらなかった。

なるほど、数は4つずつで組になっているんだ……そんなことも遊びながら改めて学んでいきます。

大きな数の学習は単調になりがちです。

「次の数を読みましょう」という問題をくり返してもおもしろくないし、「数を読みましょう」と言っても教師がチェックできないから、ノートに漢数字で書かせることになりますよね。

でも、はじめのうちは、読むことはできても漢数字で書くことができない子も存在します。

読めないのか、書けないのか、位取りが理解できていないのか……子どもがどこでつまずいているのかが見えにくいですね。

教師一人で全員を見ることは至難の業です。

そこで、ゲームにして子どもたちにグループでやらせて、チェック機能を働かせればいいわけです。

それに、プリントだったら2、3問やれば「もういい！」になるところを、ゲームだから延々とやっています。

友達同士、読み合うから、大きな数の読み方がリズムとして入ってくるのもいい。ゲームのようにしてくり返し反復させると、楽しく頻度を上げて練習することになる。それも「勉強させられている」という感じではなく、「遊んでいる」「競い合っている」という感覚でできるところがいいですね。

Q25 どの学年でも楽しめる九九の復習ゲームを教えてください。

A25 盛り上がる九九ゲームを紹介します。

5、6人のグループになって、下の図のように輪になって並びます。ゲームの名前は「アンラッキーナンバーゲーム」とします。

まずは、順に九九を唱えます。

たとえば、三の段だったら、三一が3、三二が6、三三が9、三四12、…と順に唱えていきます。

次に、教師が「アンラッキーナンバー」を決め、子どもたちに発表します。

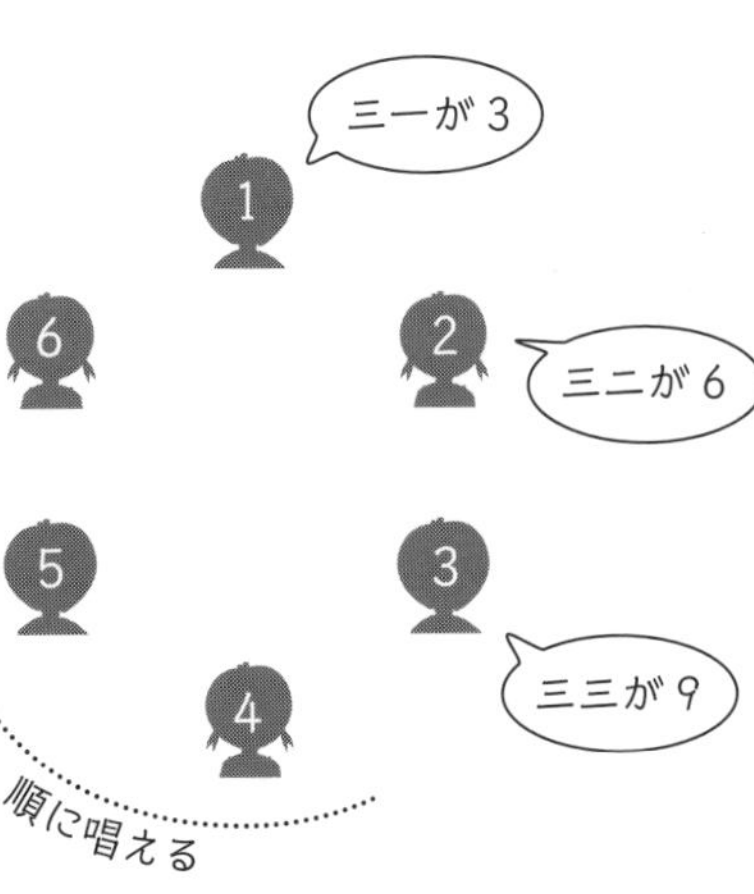

たとえば、アンラッキーナンバーを「答えの一の位が3」と決め、「では、七の段でやりましょう」と呼びかけて、グループで順番に声に出して言わせます。はじめは全員を立たせてスタートし、アンラッキーナンバーを言ってしまったら座る、という約束にします。

七一が7、七二14、七三21、七四28、このあたりで「あれ？　3がつくのはないんじゃない？」と思う子が出てきます。

七五35、七六42、七七49、「やっぱり、七の段の積には一の位に3がつくものはない？　全員セーフ？」と思ったところで、七八56、七九63。

残念、9番目がアウトでした。

七の段の9つの積のうち、一の位が3になるのは七九63だけなので、アウトになるのもたった一人。まさに、運だめしのゲームです。

これをくり返して最後の一人になるまで続けます。

すると、何順目かするうちに、最後までいかなくても

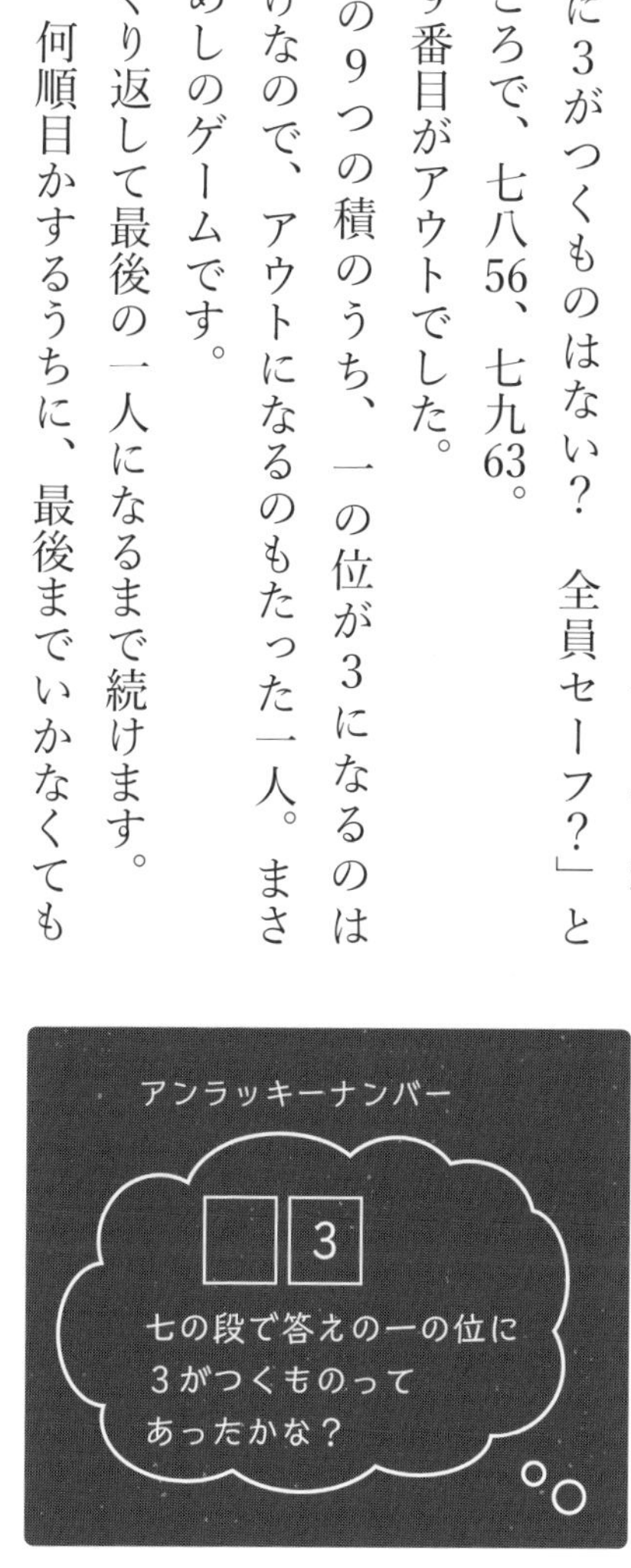

「あーあ、アウトだ」という顔をする子も現れます。

順番が来て九九を言うだけでなく、友達の言う九九も耳にしますから、九九に触れる頻度が高まります。さらに、アウトの数字が設定されていることで、ドキドキ感もあるから、自ずと盛り上がります。

1回戦が終わったら、

「では、アンラッキーナンバーは4。今度は六の段で行きましょう」というように、教師が数字を指示します。

　このゲームの良いところは、勝ち残って九九を言い続けている子どもだけでなく、アウトになって座った子どもも、友達の言っている九九をずっと聞いているところにあります。
　ちなみに、九九で子どもがつまずきやすい九九は六の段と七の段に多いですから、苦手なものは頻度を上げてチャレンジさせるといいでしょう。

Q26 わり算を教えるとかけ算を忘れる。学びがつながらないのですが…。

A26 前の学習を織りまぜてみましょう。

たとえば、かけ算の筆算を学ぶときに、たし算を使って答えの確かめをするというように、新しいことを学ぶときに前に習ったことを復習できるように織りまぜていくといいのです。

275×2の計算をしたら、別の日には275＋275と2回たし算をして確かめさせてみます。

左ページの上のような問題を、下のようにたし算で出題してみるのです。

ただし、計算してすぐにそれをさせたのでは、結果もわかってしまっているので、一日間をおいた翌々日に

「今日は以前にやったたし算の復習をしてみよう。3けたのたし算は大丈夫かな?」

① $275 \times 2 = 550$

② $374 \times 2 = 748$

③ $671 \times 2 = 1342$

翌々日

① $275 + 275 = 550$

② $374 + 374 = 748$

③ $671 + 671 = 1342$

あれ！

ともちかけ、取り組ませてみます。

子どもたちもノートのページが新しいページになっていれば最初は気がつきません。

でも、しばらくすると、クラスの中の数人の子どもがノートを戻ってみて、「同じ計算をしていることになる」と見つけるはずです。このときを大いにほめるのです。

既習の計算とのつながりをこうして発見させながら、習熟の時間とすることができますよ。

実は、私は×10の計算のときにも同様に加法の習熟をはかる問題を出しています。たとえば、265×10という計算が2650になるということは、子どもたちも理解していますが、それは機械的に「0をつければいい」という程度の理解でしかありません。

そこで、次のようなプリントに取り組んでみます。

10回たすと2650になるはず。みんな頭ではわかっています。

でも・・・

子どもたちは緊張して3けたの加法の計算をくり返します。苦手な子どももいるから、最初はこのように一の位が5になるような数字を選んで取り組ませていきます。

```
  265
+ 265

+ 265

+ 265

+ 265

+ 265

+ 265

+ 265

+ 265

+ 265
 2650
```

どの子も真剣そのものに、もくもくと取り組み、最後に2650になると、子どもたちから歓声が上がります。

「いつもはたし算をたくさんするのは面倒だと感じるけど、この計算のときは、最後にちゃんとなるかな、と思ってドキドキしながら計算できて楽しかった」と感想を書いた子もいました。

ただし、中にはちゃっかり最後だけ合わせる子もいますから、ときどき5段目や8段目など、選んで2か所の答え合わせをするなどのチェックも必要です。

Q27 台形の面積の公式を子どもたちにつくらせようと思っても、教科書にあるような公式になりません。

A27 公式をつくるのではなく、自分の解き方とのつながりを考えさせてみましょう。

台形の面積の公式を子どもにつくらせようと思っても、大人が思ったようにはなりません。大切なことは、新しい図形を求めるときに、いままで習った図形に変身させて求めるという勉強をすることです。

三角形を2つ合わせると平行四辺形になる。
平行四辺形は切って移動すると長方形になる。

というように三角形、四角形の面積の大事な学びをしてきました。
ですから、台形のときもいままで習った形に変身させる方法を子どもたちにたくさん考えさせてみましょう。

でも公式という文化も伝えなくてはいけません。

まずは自分なりの解き方をやってごらん、と考えさせたあとで、
「実はね、台形の面積の公式は
（上底＋下底）×高さ÷２　となっているんだよ」と
公式を教えることにしています。

そして、自分たちが解いた方法と見比べさせて、自分が解いた方法とどう結びつくかを考えさせるという時間をとります。

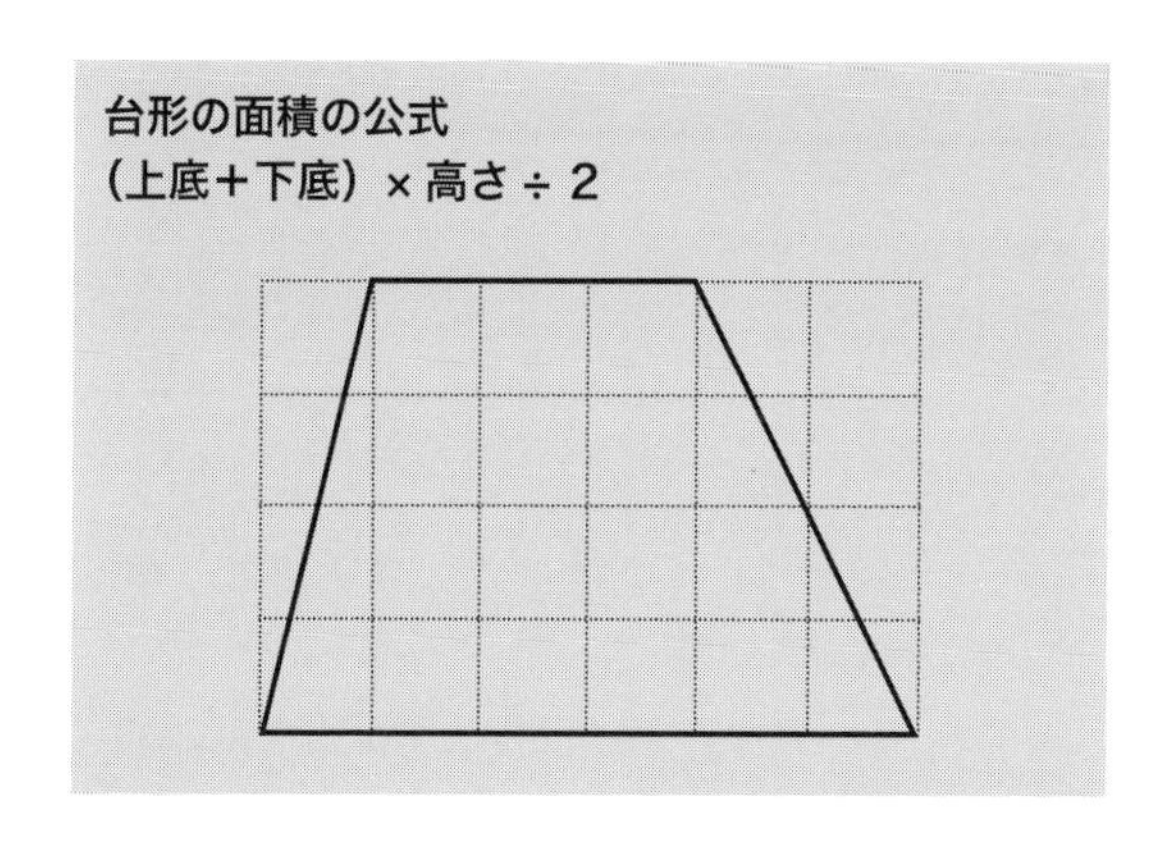

「先生、私は台形を2つ組み合わせて、大きい平行四辺形と考えて2でわったの」

この子は（上底＋下底）×高さで大きい平行四辺形の面積を出して、半分にわったと説明しました。

÷2は面積を半分にしたという意味になります。

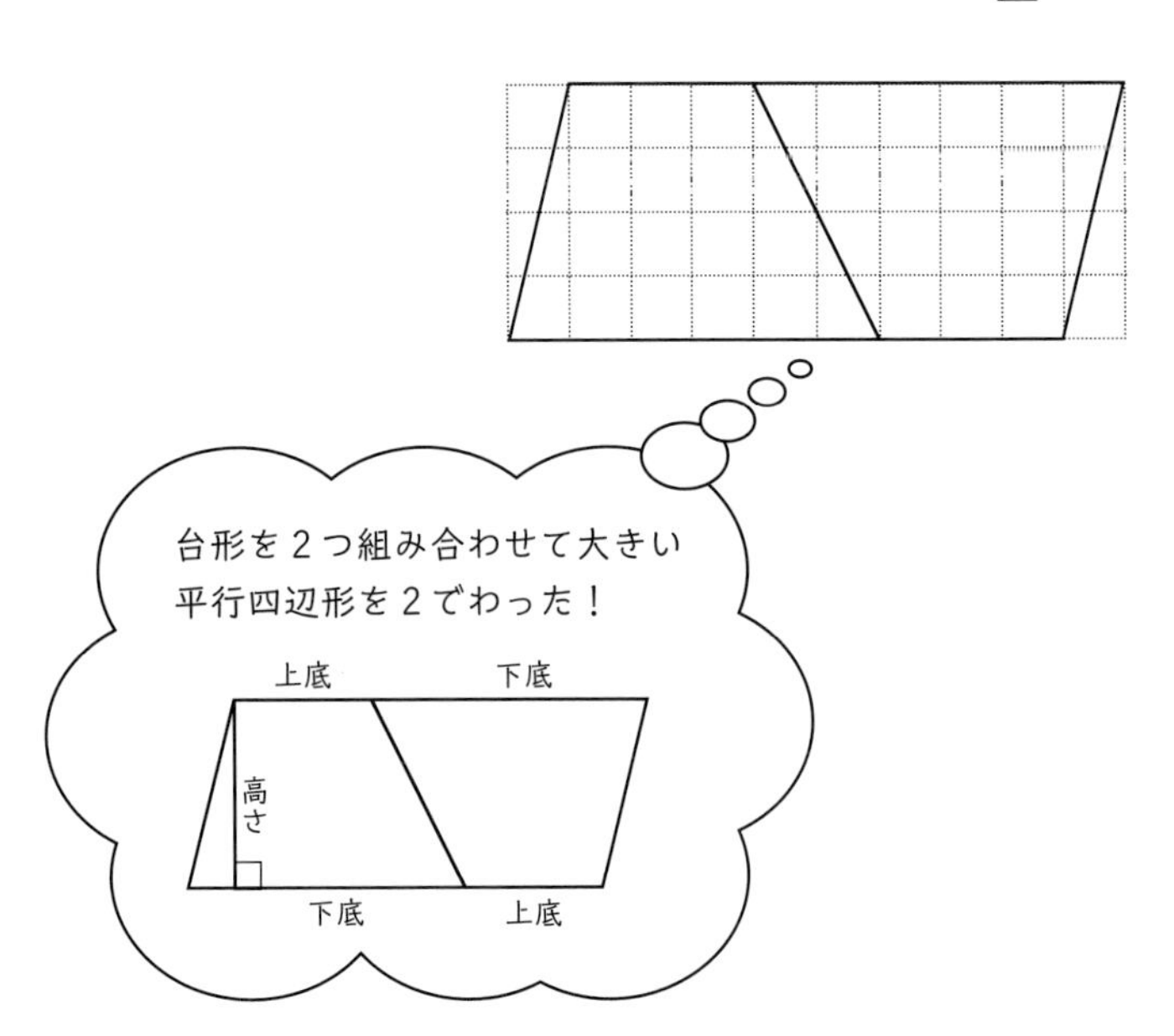

「先生、私は台形を、半分にしてペタンともってきて、細長い形にしたの」

「なるほど。それはどうやったんだろうね」

半分に切ってペタンとしたのは、高さが半分になっている。

すると、（上底＋下底）×高さ÷2の、÷2は高さだけにかかっています。

「高さを半分にした細長い平行四辺形をつくったと考えたんだね」

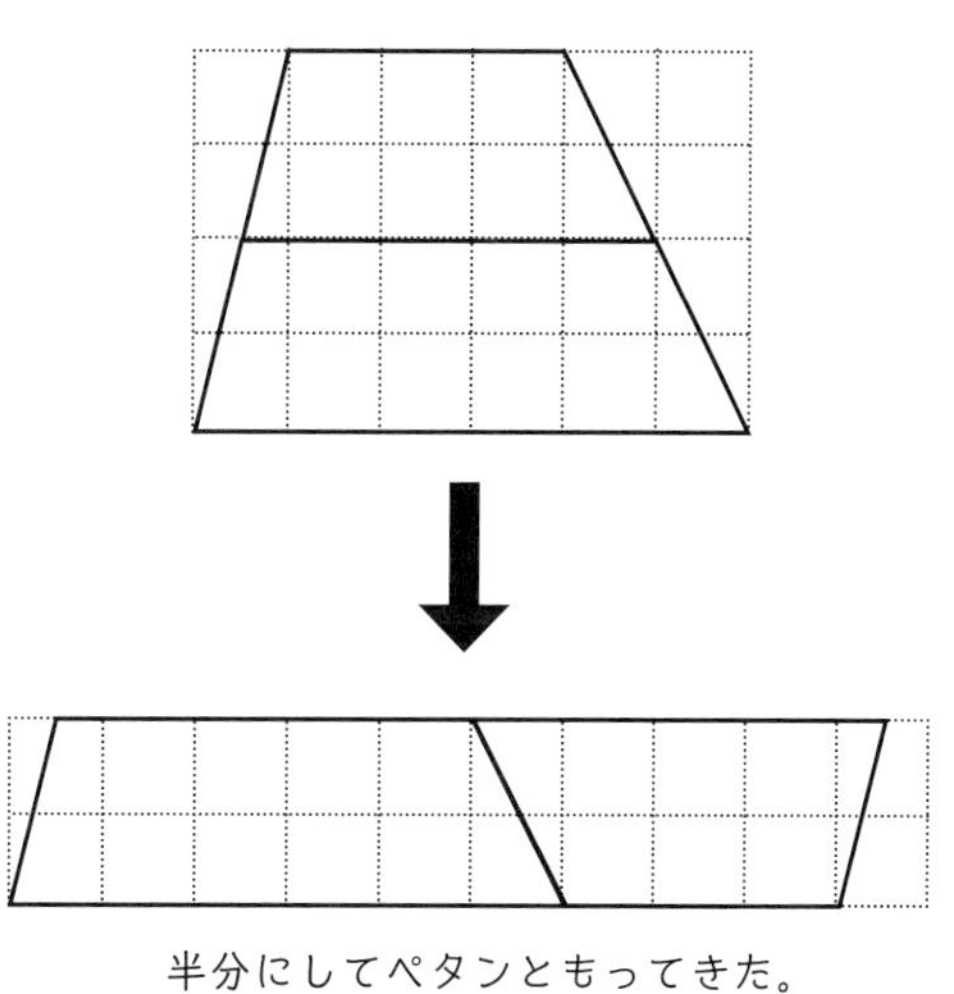
半分にしてペタンともってきた。

今度の÷2は、高さという長さを半分にしたという意味になりました。

公式をつくらせるのではなく、自分の解き方と公式がどう結びつくのかを考え、説明させるようにすれば、時間をあまりロスしなくてできますよ。

Q 28

台形の公式で質問です！三角形に2つに分けた方法と台形の公式を結びつけるのがむずかしいのですが。

A 28

三角形2つの面積を求める場面をまず一度図にしてから、逆に考えさせてみます。

下のように2つの式を結びつけようとしますが、子どもには無理なのです。

上底×高さ÷2と下底×高さ÷2、これが（上底＋下底）×高さ÷2に結びつきません。

Q22で3×5＋4×5＝（3＋4）×5と結びつかない子どもに図にして考えさせたように、これも一度図にしてから逆に考えさせてみます。

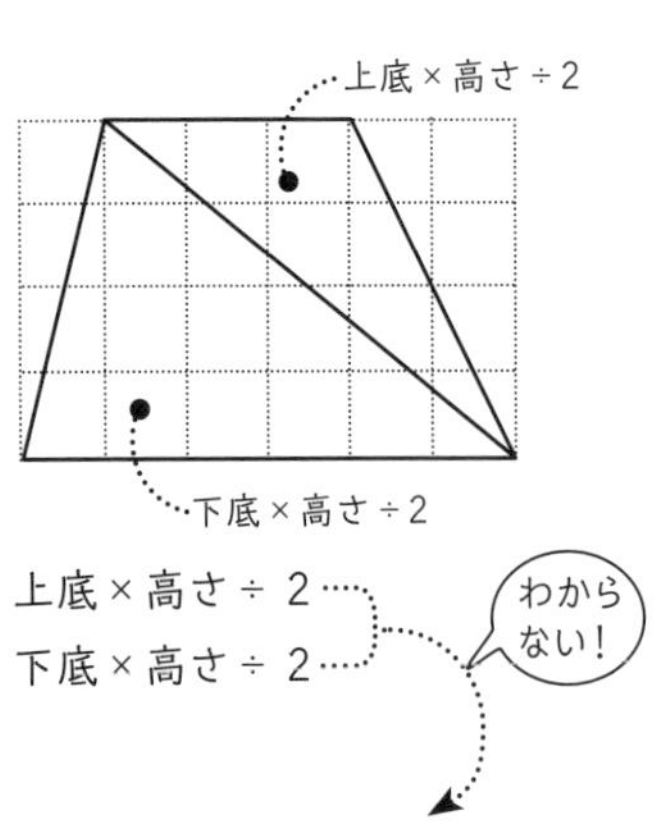

①のように上の三角形をひっくり返して並べてみます。すると②の2つの三角形になりました。三角形は底辺と高さが同じであれば、面積は同じ③と習っていますね。

だから、この2つの三角形は、変身させて④の大きな三角形にすることができる。すると、底辺は上底と下底、高さは1つ。÷2で結びつきます。

三角形をくっつけるには、三角形の学びのときに底辺が同じで、高さが同じ三角形ならすべて面積は同じになるという学びが必要です。

学んだことを次の勉強に結びつけていくのが、算数の勉強の大事なところです。

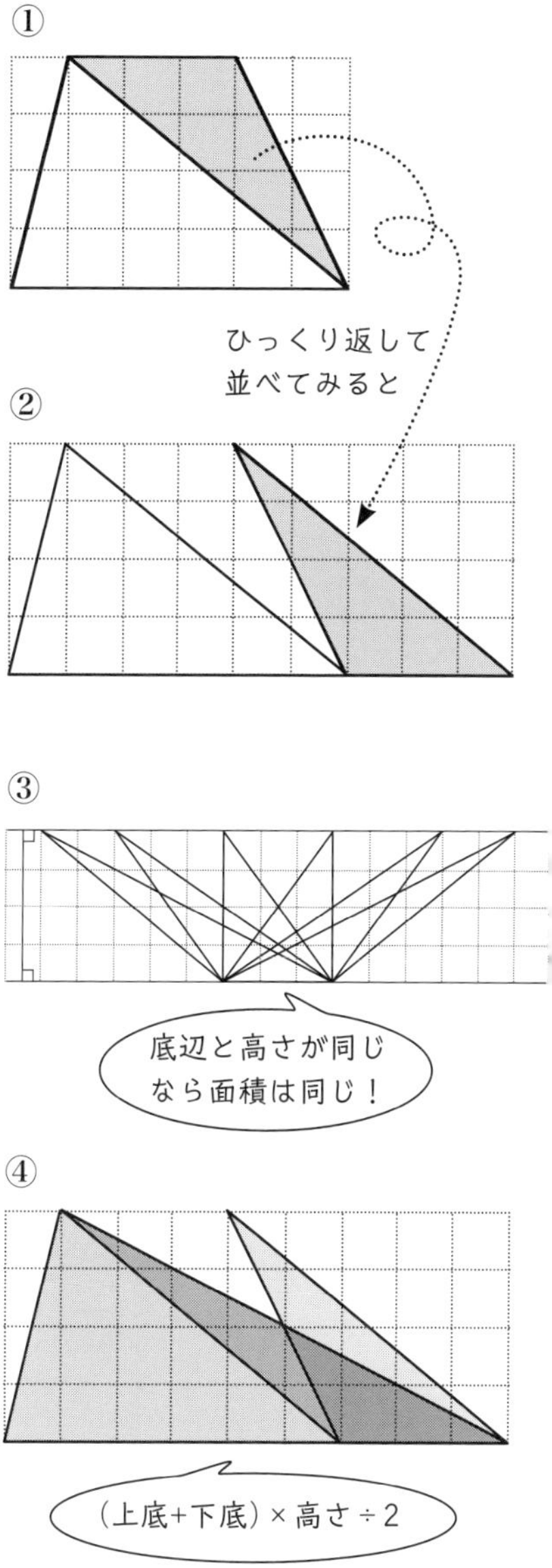

①

②

③

④

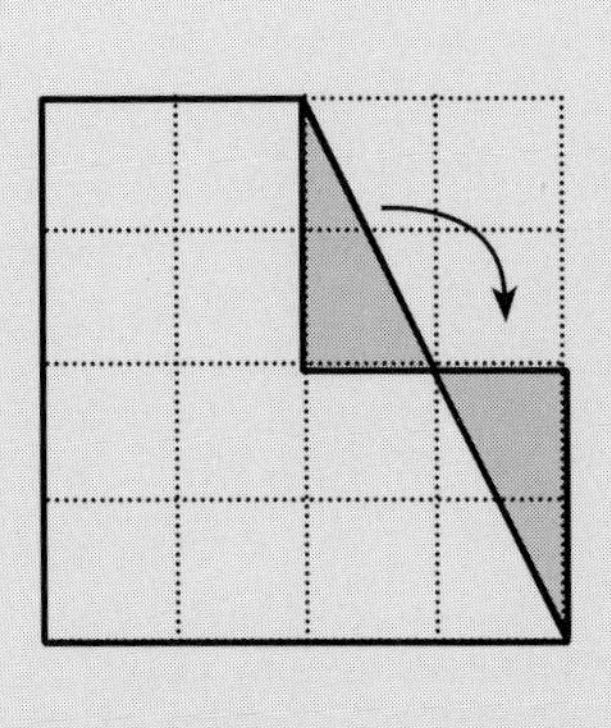

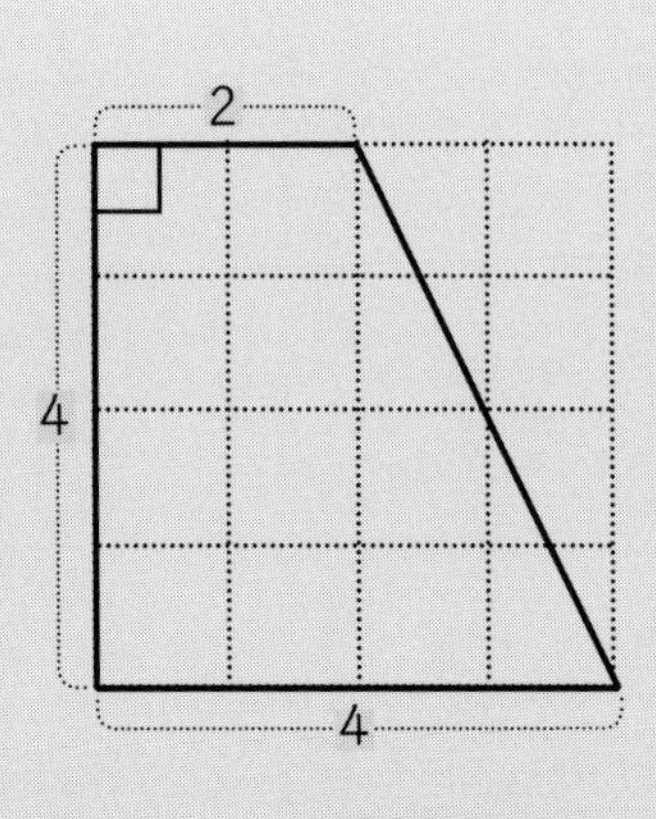

あるとき、上の台形で授業をしました。

すると、子どもが

「先生。4年生のときに習った形に変身させると、求めやすい、っていうんだから、長方形とか正方形だけじゃなくて、L字型でもいいんじゃない！」と言い出しました。

「ほら、ここの三角形を下に移したら、L字型に変身させることもできるでしょ」

「でも、こうして解いたら、台形の公式とは結びつかないよ」

と言うのです。

「そうなの？　じゃあ、これをどうやってやったか考えてみようか」

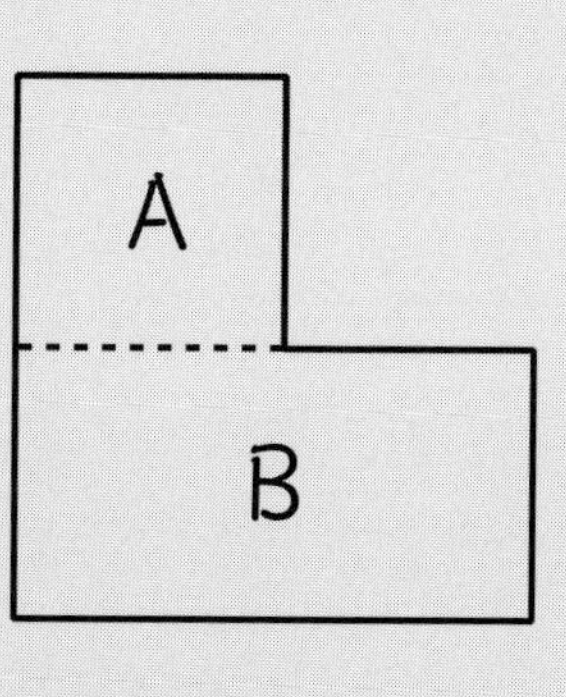

「L字型の面積を求めるのに、4年生のときは上のようにAとBに分けて求めたよ」

Aは、台形の上底そのまま、高さの半分だから、上底×高さ÷2になる。

Bは、台形の下底そのまま、高さの半分だから、下底×高さ÷2になる。

「あれ？ 先生、この前三角形に分けたとき、上底×高さ÷2 下底×高さ÷2だったよ。ほら、同じ」

三角形に分けたときは面積を半分にしたという÷2、L字型の面積をAとBに分けて求めたときには、高さを半分にしたという÷2

「へー。この式を見たとき、三角形だと思ったけれど、四角形を2つ分たしたという式にも見えるね」

こんなアイデアが子どもから出るのってすごいな、と思いました。子どもが結びつける話を素直に聞くと、大人もこんな発見があっておもしろかったですよ。

Q29 「振り返り」が大切だと言われます。効果的な振り返りのしかたを教えてください。

A29 小刻みに振り返ることが大切です。

授業の最後に、いっぺんに振り返ろうとするのでは間に合わないことは、先生方なら皆さん実感されていると思います。

子どもの様子をよく見たら、振り返りは途中で何度も必要です。

「ところで、いま何を話し合っているのだっけ」

「友達の話、聞き取った？」

といったように、小刻みに振り返るように子どもに問いかけます。

途中途中で立ち止まっておけば、落ちこぼれ度も少なくなります。

私は子どもの様子を見て、授業中に立ち止まって、子どもたちの理解の度合いを確かめることを意識しています。ズレを埋めるために、「ここまでのことを書いておこう」と、途中で板書にまとめをすることもあります。

発表でがんばっていてノートが書けない子を見つけると、

「少しノートの時間をとろう」と言って、書く時間を保障します。

子どもが書こうとしているときに、先生たちの中には自分の話したいことを優先して、

「はい、鉛筆を置きなさい」と指示してしまう方もいますが、よく考えると、子どもの鉛筆が動いているということは、先生のスピードについていけていない証拠です。

だから、その状態を見たら、

「ちょっと待って、間に合っていない？」

と聞いてあげるのが、相手のことを考えることだと思いませんか。

ノートの時間を少しとってみると、子どもがだんだん鉛筆を置きはじめて、退屈になる子が見えてくるようになります。

鉛筆を置く子が、だいたい6割から7割ぐらいになったところでノートを見て回り、「なにも黒板を全部写さなくてもいいよ」とか「大切なことだけをメモしてあればいいのだから」などとアドバイスします。

黒板の丸写しをしようとする子が、追いつかないことが多いことも知っておくといいでしょう。

そうやって、子どもの状態に合わせて、次の一言として何を言うかを考えるのです。

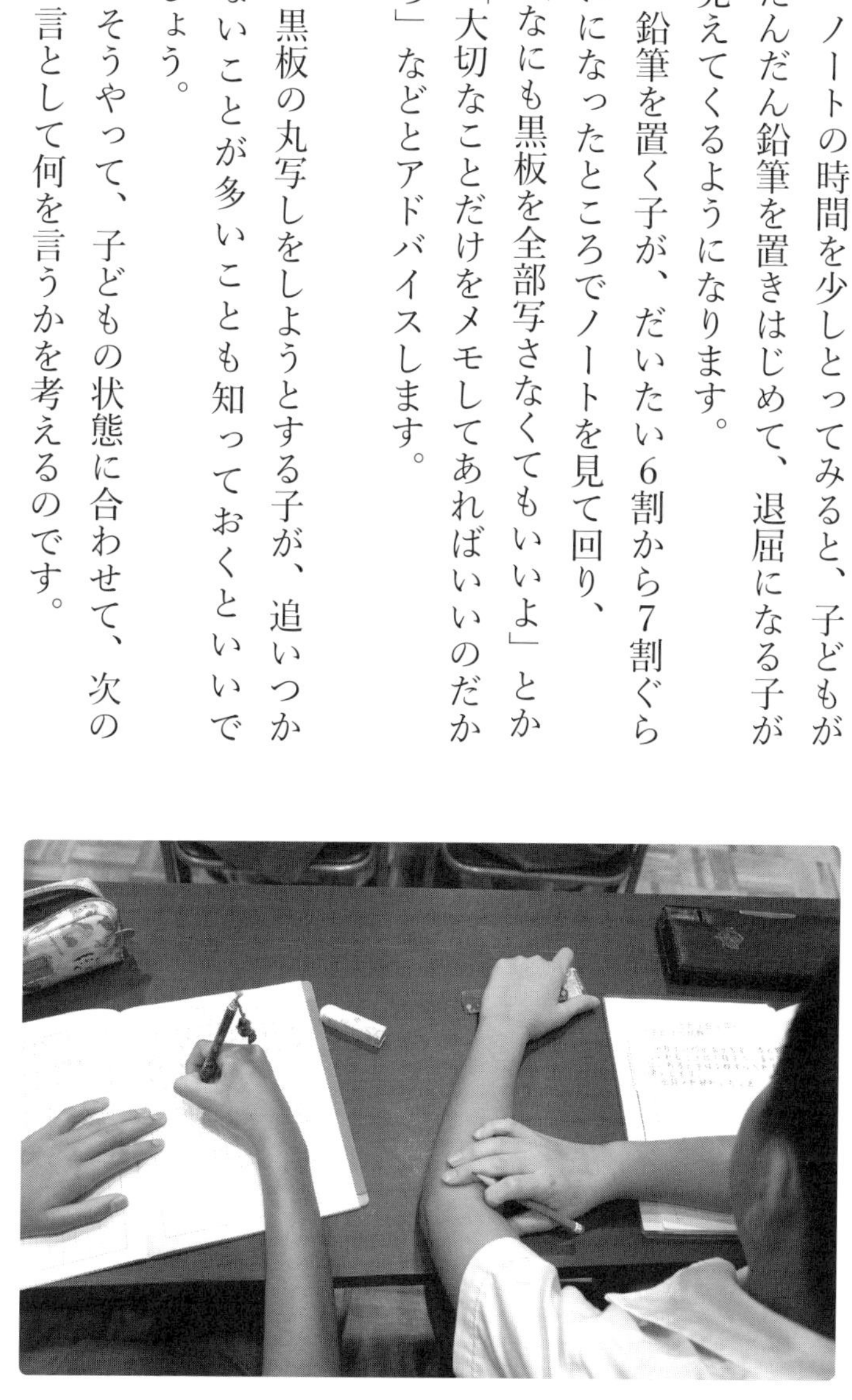

Q30 楽しい算数授業づくりのために明日からできることってありませんか？

A30 「楽しい問題づくり」を宣言しましょう。

いろいろなところで楽しい授業づくりを紹介すると
「でも、先生、こんな授業を毎日私たちは考えられません！」

「毎日やっていたら教科書が進まないんですけど！」と言われます。

でも、せめて4月の出会いの授業、9月の出会いの授業、今学期最後の授業、その節目くらいは、楽しく考える授業にしてあげたい、というサービス精神はありませんか？　と聞くと、

「それはあります！」と皆さんおっしゃいます。

ではまず、**その年の第1回目の授業（授業ナンバー1）に楽しい授業をつくりま**

しょう。

するると、授業の終わりに、子どもたちが言うはずです。

「先生、楽しかった!」

「おもしろかった! 先生、こんな授業を明日からもやってね」

そうしたら、

「ごめんね。教科書もやらないといけないからね」と、そこは、もう言いましょう。

そこで教科書の授業に入りますが、

「授業ナンバー10は、**先生またがんばって、こういう楽しい問題を探してくるからね」と宣言してみてはどうでしょう。**

宣言してしまうと、がんばって探さないといけないですよね。

教師もときには自分を追い込むのです(笑)。

でも、ナンバー10ということは10日間、土日があるから12日間ゆとりがあるわけです。12日あれば、できそうな気がしませんか?

そのときのための〝おもしろ教材〟として、数学の本にはおもしろいものがいっぱいありますから、どんどん使ってみましょう。

教育書ではなく、数学の本のコーナーに行くと、パズルの本から図形まで、ヒントがたくさん見つかります。

子どもたちが楽しみにしてくれるという期待を支えにして10日に1回くらい新教材探しに出かけていったりする…。その時間ができれば、教材研究に取り組む姿勢も少しずつ変わると思いますよ。

こんなこと Part 3

自己採点のこと、ちゃんと知りたい！

Q31 丸つけって子どもにさせていいんでしょうか？

A31 いいんです。自己採点させましょう。

私は、答え合わせはほぼ子どもたちにさせます。

それは、丸つけをすることで子どもが学ぶことができるから。そして、子どもは問題を解いたあとでなるべく早く結果が知りたいはずだからです。

先生方も、学生時代に模試を受けて、会場を出て答えを受け取ったら、すぐに答えをチェックしませんでしたか？　子どもの気持ちも同じです。

翌日に丸つけして返したときの、彼らの反応を見たことがありますか？　返されたドリルやノートを見て

「なるほど、僕はこういうところを間違えていたのか」と、まじまじと見るような光景に出合ったことはあまりないでしょう？

受け取ったら、開きもしないで、ランドセルに片付けてしまう…。

「えー、あんなに必死に丸つけしたのに」と教師は思うはずです。

もしかしたら、その瞬間を意識して見たことがない先生も多いかも…。一度、ドリルやノートを返した瞬間を観察してみてください。愕然とするはずです。

新しい学習指導要領では、「振り返り」を強調しています。授業中、日々の振り返りは、できるだけ子ども自身にやらせたい。

だからこその自己採点です。

ところが教師は、その振り返りの場面を自分で見ないと気が済まないんですね。

こうやって、折に触れて自己採点を進めているのですが、いまだに「子どもには任せられません！」という先生が少なくありません。

授業中にドリルをやったとき、その時間の中で、すぐに答え合わせをしてみるということが、大切な学びの時間だと考えましょう。

Q32 自己採点させるのは算数だけですか？

A32 算数以外でも自己採点は有効です。

私は、漢字の練習でも、自己採点をさせています。

漢字を正しく書けて、それに丸がしてあった場合は、さらに1点あげます。

間違った漢字に、丸がしてあった場合は、かわいそうですが倍の点数をひきます（笑）。

すると、子どもは一生懸命に正しい字と自分の書いた字を、ていねいに見比べるようになります。

字と字を正しく見比べることができることも大切な能力です。

「この『とめ』『はね』『はらい』を先生は見ているんだよ」などと教えると、1年生

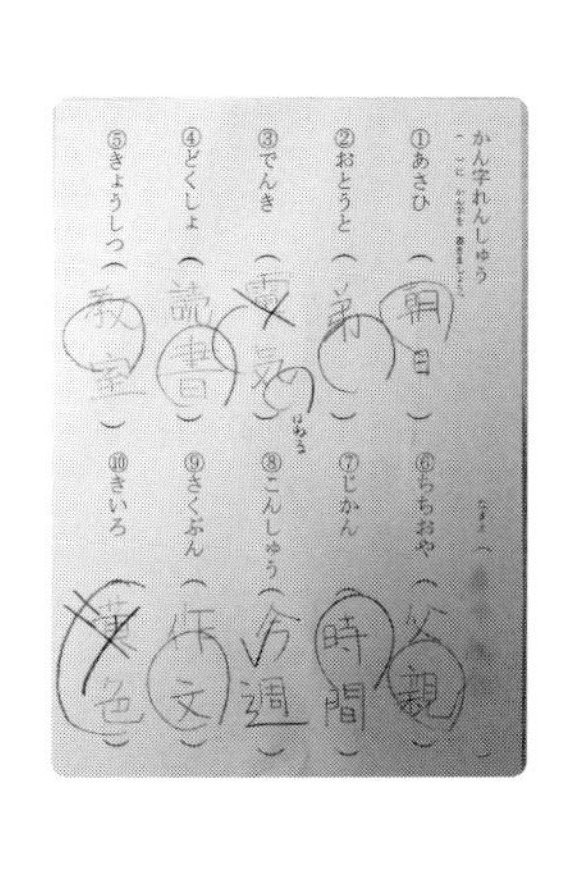

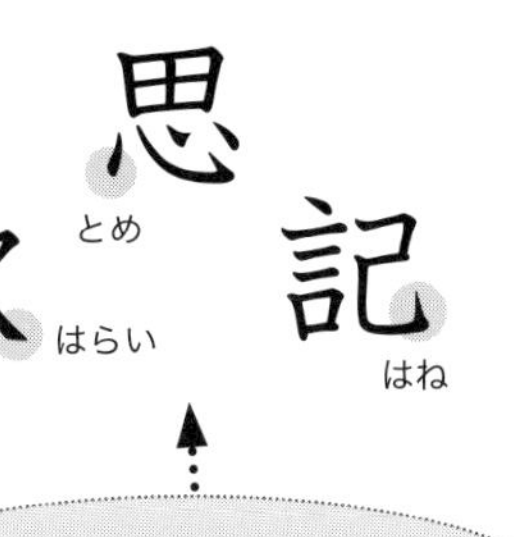

丸つけの観点を子どもに提示する。観点を理解した子どもたちは驚くほどシビアに丸つけするようになる。

でも字の形を一つひとつ対応させて見ることができるようになります。

2年生になって、日常的に自己採点をする場合には、丸つけのチェックポイントをいくつか示し、「ここを間違えたらマイナス5点」と決めたり、逆に「ここができていたらプラス20点」といったボーナスポイントをつけたりして、ゲーム感覚で楽しませています。

漢字を見るときの観点を知った子どもたちは、自分の字を厳しく採点するようになります。「この字は、ここが少しはらえてないので×」というように、あとから教師が見て、これはマイナスにしなくていいよ、というようなところもちゃんと見逃さず、きちんとした丸がつけられるようになりますよ。

Q33 ドリルやテストのあとで、見直しをしなさいと言っても、なかなかしてくれないのですが。

A33 見直しも遊び心でドキドキハラハラさせてみましょう。

私は自己採点の前に、子どもに予想を立てさせることもしています。

「いまから答え合わせをします。どうですか？　全部合っていそうですか？　これは自信があるというものに○、これはちょっと自信がないな、というものには△をつけましょう」と言って、一度見直しをさせます。見直しをしたところで、改めてこう告げます。

「○と書いたところが○、△と書いたところが間違って、全部予想が一致していたらプラス10点あげようかな」と告げるのです。

　教室中が盛り上がります。

「先生、それならもう一回見直す！」と言う子もいます。

「よし、それなら、全部△にしよう」という子も出てきます。そんなときは、

「△が○になっても、それは予想が一致したとは言わないよ」と告げると、子どもはかなり真剣に見直しをはじめます。

　予想の印をつけた上で答え合わせをすると、丸つけしながら、

「おー」とか「あれー？」などと歓声が上がります。

　答え合わせも少し工夫するだけで楽しめるようになります。


　ちなみに、答え合わせの前の段階で、間違っているかもしれないと予測できたということは、自分はこの問題が苦手だと整理して見つめ直している時間だといってもいいでしょう。

　学ぶということは「わかる」「わからない」の境界線をさぐり続けることだと言ってもよいと考えます。

Q34 子どもに自己採点をさせていると「先生が全く見てくれない」と保護者から思われてしまいそうで不安です。

A34 自己採点の途中に教師が見て回り、典型的な問題だけに赤ペンを入れるようにします。

子どもたちが自己採点をしているとき、またはドリルをしているとき、私は典型的な問題だけをチェックして歩きます。

授業中に見るのは、たくさんの例をこなしたときにミスがないかどうかではなくて、彼らがやり方を理解しているかどうかのほうにしぼればよいので、見るのは2つぐらい。全問を見る必要はありません。料理で味見の際に、つくった料理を全部食べることはしませんよね。それと同じだと考えます。

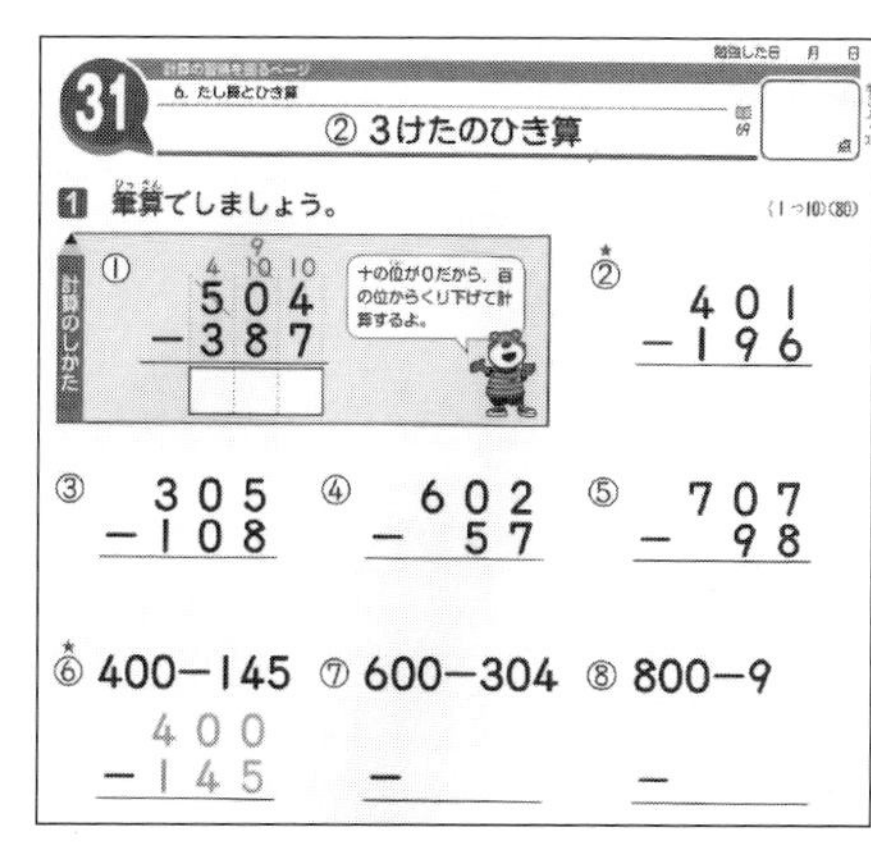

子どもたちを見取るときも、典型的な問題の一部分だけを見て、その子の状態を見るようにしています。どれが典型的なものかわからない？　そのために私がつくった「算数の力」（文溪堂）というドリルでは、それがわかるように★マークが入れてあります。ぜひ、使ってみてください（笑）。

★マーク以外は子どもたちに自分で丸つけさせることで、彼らが自分のでき方を判断することができますし、成就感も生まれます。

子どもが丸つけをすると、教師の赤ペンが入らないので、おうちの方から「今度の先生はちゃんと見てくれない！」と言われかねない。だから、せっせと赤ペンを入れる、という先生もいらっしゃるでしょう。

確かに親としてみたら、子どもの自己採点ばかりだと「先生は見てくれていないのかな？」と不安になります。だから、典型的な問題だけ子どものペンとは種類のちがう教師の赤ペンが入るように心がけているのです。

Q35 低学年の子どもにも自己採点させて大丈夫ですか？

A35 喜ばせる丸つけも取り入れましょう。

大丈夫です。低学年の場合は、ドリルやプリントも、ときには大げさに、テストのように扱ってみてもいいでしょう。

「今日はこれをテストだと思ってやります。机の上を片付けて、机と机を離して」と、仰々しくやるのです。

普段と同じドリルをやるにも、ちょっと言い方を変えるだけで、教室の空気がひき締まります。

「全部終わって、１００点だという自信があったら、良い姿勢で先生の方にアピールしなさい」と指示します。

ドリルは基本的に自己採点だけれど、その日は「先生が○をつけてあげる」と言って、持って来させて採点します。

その際、○、○、・、○と間違いに×をつけずに「・」だけのチェックで返すのです。

すると子どもは席に戻って、また考えてきます。

一生懸命考えて、次に正解を持ってきたら、「・」から続きを書いて丸に変身させてあげればいいのです。ドリルなのですから（笑）。

低学年の場合は、そうやって喜ばせることも大切です。

いかに子どもを喜ばせるかを考えると、丸つけのしかたも変わってきます。

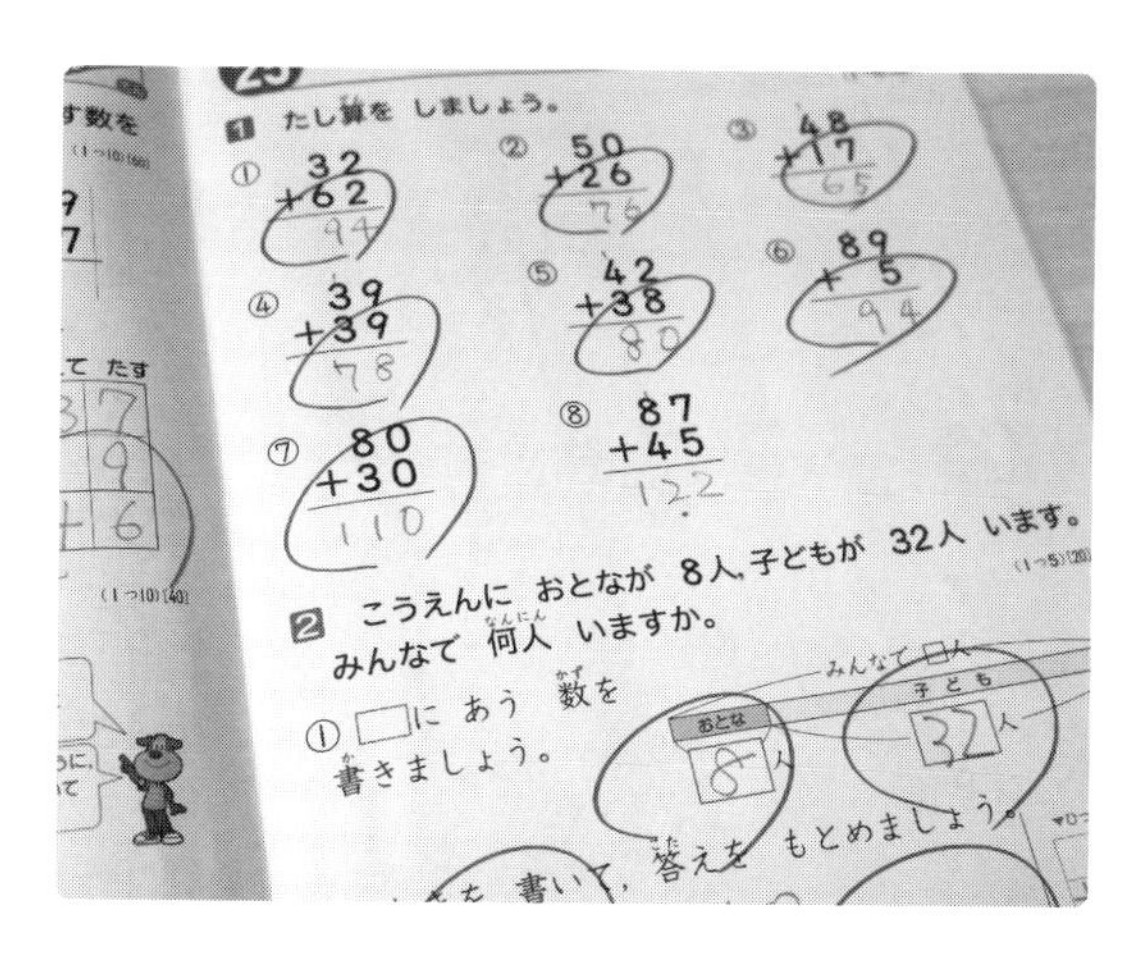

Q36 高学年の子どもには自己採点をさせていますが、自己採点させるときのポイントを教えてください。

A36 解き直しのノートをつくるといいですね。

答え合わせをしながら、「あ、間違えた！」と言って赤ペンで正しい答えを書き込む、高学年によく見られる、赤ペンで正解を書く修正方法は、私はあまりおすすめしません。

正解を書かずに、その問題が間違えた問題だ、ということだけをチェックするだけでいいと思います。チェックだけで、間違いも残っているほうがいいのです。

間違いを書いたままにしておけば、2回目にやったとき、前と同じになった時点で、自分で間違いだとわかります。

「こうはならないのか？　じゃあ、どうなるの？」と思考ができるようになります。

答え合わせをして、そのまま正しい答えを赤ペンで書き込むだけで成就感をもっている子は、ほとんどの場合2度目も同じように間違えます。ためしに間違えた問題だけ抜き出してやらせてみると、また同じように間違えることが多いのです。

そんな場合は、間違えた問題だけを集めるノートをつくることをおすすめします。問題文を写すのが大変だったら、コピーして貼ってもいいですね。

答え合わせをした後にすぐやると答えを覚えていますから、ちょっと間をあけて、1ページに3問たまったら取り組むというように、自分でルールをつくるといいです。

解き直しのノートに解いて、答え合わせの前に、以前の間違えたドリルを見ます。すると、そこに間違えた解答があるから、それと同じになっていたら、また間違えたということです。

「ああ、そうか。前回もこれで間違えている。これじゃあないんだ」とわかります。

そしてまた考える、というふうにやると、間違えた問題だけを集中的にやる日がだいたい3日後くらいにつくれます。

過去の失敗を活かしたテスト対策、振り返りの時間にすることができます。

Q37 自己採点をグループでさせてもいいですか？

A37 問題によってはグループですることもできます。

ときにはグループで向き合って答え合わせをする方法を取り入れてみてもいいですが、注意が必要です。

ノートを交換したりして、別の友達の答え合わせをするなどは、苦手な子にとってはつらい時間になるので、やめたほうがいいと思います。

でも、たとえば概数の答え合わせなどは、グループで「1番　答えは何千何百○○万○○○○です。どうやってやったかというと・・・」というように、答えだけでなく、必ず方法を説明させるようにすると説明力を磨く時間にもなります。

4人グループだったら、四捨五入のしかたを4回聞くことになります。

これが苦手な子どもたちの助けになります。そのあとで「じゃあ、説明できるようになったかな」と言って別のグループにして、「新しい友達と言えるかな」とやってみればいいのです。

すると、前のグループですでに4回聞いているから、はじめのグループのときに言えなかった子も耳で覚え、言えるようになっているかも知れません。


教師の方は、最初のグループで言えなかった子がわかっていますから、その子が2グループ目で言えるようになっているかどうかを見ておくのです。

「今日は、この子とこの子」と決めて、そば耳を立て、「2グループ目で言えるようになったな」と思ったら、ちゃんとほめてあげましょう。

「この問題がテストに出たときには、みんながニコニコできるようにしよう」と一言言って活動させると、あたたかい雰囲気で教え合うようになりますよ。

Q38 自己採点の良さはわかります。でも、ズルいことが起きそうです。

A38 逆に、心の教育にも使えますよ。

答え合わせをさせようとしたとき、自己採点がいいのはわかっていても、小学校の低学年の先生がなぜ丸つけをさせないのか。

それはズルいことをする子がいると思っているからですよね。

でも逆に、ズルいことをする子がいると予測できるのなら、目の前でそれが起きる可能性が高いということです。

だったら、こんなに良い心の教育の場はないでしょう？

恐れずに、やらせてみればいいと思います。

ドリルが終わりました。

「いまから答え合わせをするよ」と言って答えを配りますが、先生はその前にサッと教室を回っておきます。

この場合も全員を見て歩くのは無理だから、何人か気になる子どものところへ行ってサッと見ておくのです。そして、

「あ、この子4番を間違えている。さあどうするだろう・・・」とチェックしてから一斉に丸つけをさせてみます。

実際に答え合わせをさせてみると、先生の顔をチラチラ見ながら、丸つけをする子がいるはずです。

不自然な丸にしたりとか、そっと書き換えたりとか、どのクラスにもたいてい一人や二人は必ずいます。

「ああ、なるほど、やっぱり書き換えるんだな。この子は心がちょっと弱いな」とわかります。

でも、あるとき私は、ずーっと見て回って、「あー、偉いね。普通こうやってやると、ズルいことをする子がいるんだけど、このクラスにはズルい子が一人もいないね」と言ってみました。

すると、その子がスーッと消してまた元に戻して×をつけました。かわいいものです。ちゃんと小さい子が心の中で葛藤をしている。そういう姿を見て育てるのです。

机間指導をしながら、×にし直した子のところで立ち止まり、そっと、「偉いね。ちゃんと正直によくやったね」と頭をなでると、その子はニコッとしたのです。

でも、はじめにズルをして丸にしたことで、罪悪感も抱いていますから、授業が終わって、休み時間にその子が私の所にやってきて「最初、答えを見間違えちゃって、間違って丸にしちゃったぁー」などと言い訳をすることも…。

「いいんだよ。間違えることあるもんね。そのあとちゃんと正直にやったもんね」と言ってあげます。

こんな時間も大切なのだ
と思える教師になりたいと思いませんか。

おわりに

授業は人を育てるためのもの
だから　そこにはこれが正解と言い切れるものはない
共に悩み、語り合う、授業人の仲間が増えることを願って

たくさんの質問をいただきました。

何とか自分のクラスの子どもたちを救いたい、授業が上手くなりたいという多くの先生方の熱い想い、悩みをたくさん聞かせてもらいました。

質問は算数だけではなく、日々の子どもとの接し方など多種多様でした。

授業についての質問だけを見ると、大きく分けると二種類になるような気がします。

それは子どもたちが楽しいと言ってくれる授業をつくりたい、でもそれがほんとうに一人ひとりの力に結びついているのだろうか、という不安に関するもの。

この二つのバランスを考え続けることは教育界の永遠の課題だといえるでしょう。

「楽しく」を優先させると「力がつかない」のではないかという不安、「一人ひとりに」を優先させると「力はつきそう」だけど「楽しくない」のではないかという心配。

私も同じようにずっと悩んできました。ほんとうによく気持ちがわかります。

でも、こうしてバランスを考え続けようとすること自体が私たちにとって、とても大切なことだと考えます。

その意味では先輩から言われたことだけを粛々とこなしている
だけの教師では成長がないと言えるでしょう。
自分が小学生時代、嫌だったことを「将来必要だから」という
一言だけで強いる教師にはなりたくないもの。それなら素人でも
できますから。

すぐに解答を欲しがる子どもをよいと思わないように、私たち
大人も結果だけを早く求めようとしないこと、マニュアルばかり
に頼りすぎないことを意識し自己改善に努めたいものです。

本書はそうした想いを強く持つ「授業人」に読んでもらいたい
と思ってつくりました。
皆さんの質問に私なりの返事を力いっぱい本書には込めました
が、実はこうすれば絶対に大丈夫という特効薬があるわけではな
いのです。私の意見も一つの選択肢にすぎません。

目の前の子どもたちを見て、「楽しそうかな？」「力はついたかな？」「一人ひとりに届いているかな？」と常に自問自答しながら、先生たちもご自分で「考える」という時間を増やすことが私の目的です。

私も、皆さんと同じように悩み、自問自答し37年という教師生活を過ごしてきました。未だにほんとうにこれでよかったのかと不安になることはたくさんあります。

近年は、全国で「授業人五人会」というのを開き、その場で五人という少数の若い先生たちから寄せられた真剣な質問に私はどれだけ向き合えるのだろうと、自分を試している小さな会も行っています。

また人数を限定せずに、こうした勉強会をしたいという先生たちと向き合うための「授業　人（じゅぎょう　ひと）塾」を新たに開校します。授業をこよなく愛する教師を「授業人（じゅぎょうじん）」と名付け、授業は「人」を育てるためのものだと言う根本の志も込めて「授業　人（じゅぎょう　ひと）塾」と名付けました。

全国の先生方、田中博史と共に授業について、子どもについて、これからも語り合いましょう。本書がそのきっかけの一冊になることを信じて。

最後になりましたが、本書の完成に当たっては、文溪堂の岸保好氏、装文社の池田直子さんには大変お世話になりました。

この場を借りて心よりお礼申し上げます。

著者紹介

田中 博史（たなかひろし）

1958年山口県生まれ。筑波大学附属小学校副校長。筑波大学非常勤講師。学校図書教科書「小学校算数」監修委員。NHK学校放送番組企画委員としてこれまで多数のテレビ番組にも出演。近年はデンマーク、スイスなど海外における出前授業をはじめ、子育てに奮闘する親を支援する子育て支援講座、さらに吉本の芸人さんとのトークショーなど幅広い活動に精力的に取り組む。

［主な著書］

『子どもと接するときにほんとうに大切なこと』（キノブックス）、『語り始めの言葉「たとえば」で深まる算数授業』『子どもが変わる接し方』『子どもが変わる授業』（いずれも東洋館出版社）、『田中博史のおいしい算数授業レシピ』『田中博史の楽しくて力がつく算数授業55の知恵』『対話でつくる算数授業』『算数忍者シリーズ』現在全❼巻（いずれも文溪堂）ほか多数。

編 集 協 力：池田直子（株式会社 装文社）
デザイン・DTP：有限会社 野澤デザインスタジオ
写　　真：佐藤正三（株式会社 スタジオオレンジ）

現場の先生がほんとうに困っていることはここにある！

2019年2月 第1刷発行

著　者　田中博史
発 行 者　水谷泰三
発 行 所　株式会社文溪堂
東京本社／東京都文京区大塚 3-16-12　〒112-8635
TEL（03）5976-1311（代）
岐阜本社／岐阜県羽島市江吉良町江中 7-1　〒501-6297
TEL（058）398-1111（代）
大阪支社／大阪府東大阪市今米 2-7-24　〒578-0903
TEL（072）966-2111（代）
ぶんけいホームページ　http://www.bunkei.co.jp/

印刷・製本　サンメッセ株式会社

ISBN 978-4-7999-0318-6　NDC375　176P　188mm × 127mm